KB162213

To.

From.

한 발짝만 앞으로
한 발짝만 앞으로

한 발짝만 옆으로
한 발짝만 앞으로

초판발행일 | 2014년 7월 5일

지 은 이 | 이진호
펴 낸 이 | 배수현
디 자 인 | 박수정
제　　작 | 송재호
홍　　보 | 전기복
출　　고 | 장보경
유　　통 | 최은빈

펴 낸 곳 | 가나북스 www.gnbooks.co.kr
출 판 등 록 | 제393-2009-000012호
전　　화 | 031) 408-8811(代)
팩　　스 | 031) 501-8811

ISBN 978-89-94664-60-6(03320)

※ 가격은 뒤 표지에 있습니다.

※ 이 책의 출판권은 가나북스에 있습니다.
　　이 책은 저작권법에 따라 보호를 받는 저작물이므로
　　무단 전재 및 복제를 엄격히 금하며
　　내용의 일부를 이용하려면 가나북스의 서면동의가 필요합니다.

※ 잘못된 책은 구입하신 곳에서 교환해 드립니다.

한 발짝만 옆으로
한 발짝만 앞으로

이진호

완 · 전 · 한 · 투 · 자 · 의 · 정 · 석

줄을 서시오

2008년 어느 날, 강남에 볼 일이 있어서 증권사 지점 앞을 지나던 중 많은 사람들이 줄을 서 있는 모습을 보았다. 증권사 지점 앞에서 사람들이 줄서서 상품 가입한다는 게 상상이 안가서 한동안 구경했던 기억이 난다.

바로 사람들이 가입하려 했던 상품은 '인사이트 펀드'.
그리고 전 세계를 강타한 미국금융위기.

1980년 주한미군 사령관이던 존 애덤스 위컴은 이렇게 말했다.
'한국인들은 마치 쥐떼와 같다'.

나는 스스로에게 되묻고 싶다.
80년대와 2010년대. 과연 무엇이 달라졌을까?
때가 되면 대학을 가고, 때가 되면 취업을 하고, 때가 되면 결혼을 하고,

때가 되면 애를 낳고, 때가 되면 집을 사고, 그리고 때가 되면 남들 죽을 때 같이 죽어야 하는 걸까? 누가 정했는지도 모르는 그러한 '때'에 다른 길을 가는 사람들을 매년 '인민재판' 하는 시즌을 한국에서는 '명절' 이라고 한다.

2000년대 말 아파트 안 사고, 주식형 펀드 투자 안 한 사람들은 이상하거나 모자란 사람으로 취급받았다. 하지만 미국금융위기 이 후 5년. 최후에 생존자는 과연 누구였을까?

이 책은 개인 블로그(http://bwithu.tistory.com/) 및 고객 전용으로 작성되었던 다양한 내용을 토대로 만들어졌다. 이 책을 통하여 보다 많은 사람들이 '한 발짝만 옆으로, 한 발짝만 앞으로' 나와 성공한 투자자가 되기를 기대해본다. 끝으로 이 책이 나오는데 도움을 주신 경제포털 ESTIN의 고영성 이사님, 가나북스 배수현 사장님 그리고 저희 부모님께 감사의 말씀을 올린다.

이 진 호

contents

part 01

느끼기 전에
생각하라.

part 01
느끼기 전에 생각하라.

🌿 내가 제일 잘 나가 – feat 삼성전자

2012년 3월 유럽재정위기의 여파가 남아있는 가운데 미국의 경기회복세에 힘입어 한국 증시는 점차 안정을 되찾아 가고 있었다. 하지만 펀드 환매가 계속됨에 따라 코스피 지수의 지지부진한 흐름 속에 삼성전자의 독주가 이어지고 있다. 결국 체감지수는 유럽재정위기 이전과 다를 것이 없는 상황.

그렇다면 이러한 상황에서 앞으로 시장 상황은 어떻게 될 것인가? 우리는 어떠한 투자의사 결정을 내려야 할까?

1. 내가 제일 잘 나가(feat 삼성전자)

최근 삼성전자가 시장에 미치는 영향력이 커지면서 삼성전자 주가에 향방을 판단하는 것은 시장참여자들에게 무엇보다 중요한 일이다.

삼성전자 3월 27일 기준	삼성전자VS애플 비교	애플 3월 23일 기준
24%	연초이후 주가 상승률	50%
18.1%	전체 주식시장 대비 비중	4.5%
41조원	올해 시가총액 증가분	187억 달러
14.7배	PER(주가수익비율)	22배

자료 : 한국투자증권-이코노미스트

삼성전자의 상승세는 스마트폰 시장의 성장성에 대한 기대에 기반을 두고 있다. 삼성전자의 PER은 14배로 과거 평균 PER인 12배보다 높을 뿐만 아니라 코스피 평균 PER 12 배보다도 높다.

전 세계가 공인하는 스마트폰의 대장주 애플의 PER은 22배로 미국 시장 평균 PER 14배 보다 높다.

조선일보 '애플, 삼성전자 닮은꼴 독주'를 잠깐 소개한다. 애플의 주가는 지난해 83% 올랐고, 올해 들어서도 50%(3월 23일 기준) 올랐다. 시가총액은 5650억 달러(642조 원)로 S&P500의 4.5%를 차지한다.

올해 늘어난 시가총액만 183억 달러로 존슨앤존슨의 시가총액과 비슷하다. 올해 S&P500 지수 상승분의 10%는 애플이 올려줬다. 나스닥100 지수 상승에 대한 기여도는 39%에 달한다.

삼성전자도 비슷하다. 지난해 코스피지수는 11% 하락했지만, 삼성전자는 11% 상승했다. 올해 들어선 24% 올라 주가가 130만 원 선을 넘어섰다. 삼성전자 시가총액은 28일 현재 192조 원으로 코스피의 18%를 차지한다. 올해 늘어난 시가총액만 40조 원으로 현대자동차(51조 원)의 80% 수준에 달한다.(조선비즈)

즉, 미국에 애플이 있다면 한국에는 삼성전자가 있는 셈이다. 하지만 이러한 삼성전자로의 쏠림은 서서히 버블로 전이되고 있는 것이 아닌가 하는 생각도 든다.

2. Again 2009?

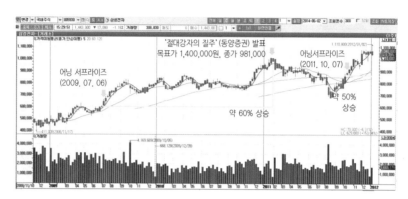

BOA-메릴린치는 당시 130만 원대였던 삼성전자의 목표 주가를 200만 원으로 상향했다. 과연 삼성전자 200만 원 시대는 열리게 될 것인가? 아니면 이 또한 또 다른 버블에 불과한 것일까?

역사는 결국 반복된다. 지구상에 60억 인구 중 과거에서 무언가를 배울 수 있는 사람은 결국 소수니까.

2009년 7월 6일 삼성전자(당시 종가 주당 610,000원)가 어닝서프라이즈를 기록한 후 삼성전자의 주가는 2011년 1월 31일 981000원으로 마감할 때까지 약 60% 상승했다. 1월 31일 바로 그 날 동양증권에서 목표주가를 약 1,400,000원으로 상향하는 리포트가 나왔다.(리포트 '절대 강자의 질주 시작')

3. 뿔휘 깊은 남간 바람에 아니 뮐세

고(故) 스티브 잡스 애플 CEO는 애플에 막대한 보유현금에 대해서 워렌 버핏의 조언을 요청한바 있다. 당시 버핏은 그에게 자사주 매입, 현금 배당, M&A, 그리고 현금 보유 중에서 택하라고 조언했다.

스마트 폰 산업이 과거와 같이 급격하게 성장한다면 M&A를 할 업체들이 분명 있었을 것이다. 하지만 2012년 3월 20일 애플은 주당 2.25달러씩 배당을 실시하겠다고 발표한다. 이는 스마트 폰 시장이 성장시장에서 성숙 시장으로 넘어가고 있음을 의미한다.

※ 참고 : 그리고 2013년 3월 삼성전자도 배당금 증액을 검토 중이다.
 - 애플 "배당 실시…주당 2.65달러" 매년 100억달러
  (http://biz.chosun.com/site/data/html_dir/2012/03/20/2012032000005.html)
 - 삼성전자, 배당주로 변화 조짐?
  (http://www.mt.co.kr/view/mtview.php?type=1&no=2013110609261438057&outlink=1)

따라서 스마트폰 부문의 성장에 기대어 이어져 온 삼성전자의 상승세에 지속성은 의심스러운 상황이다.

애플은 스마트폰 시장에 이익 중 50 - 70%를 차지하고 있다. 이를 바탕으로 수많은 비즈니스를 수행할 수 있는 잠재력이 있는 회사다.

애플의 브랜드는 사실상 명품 반열에 올랐다. 이러한 막강한 경제적 해자를 통해 다양한 분야로 진출할 수 있는 잠재력이 있는 회사다. 일각에서는 애플이 은행을 만들면 BOA를 능가하는 금융자본이 탄생할 수 있다는 말까지 나온다.

따라서 지금 애플에는 잡스와 같이 미친 존재감을 가진 혁신의 화신보다는 팀 쿡과 같은 관리형 CEO를 통해 제2의 도약을 이루는 것이 더 합리적일 수도 있다.

워런 버핏은 2013년 3월 만일 본인이 애플 CEO라면 애플 주식에 자사주를 매입할 것이라고 말했다. 가치투자의 대상이 된다는 것은 해당 기업 및 업종의 실적 예측이 가능해진다는 것을 의미한다.

향후 실적 예측이 가능해진다는 것은 가치투자가 가능해짐을 의미한다. 결국 워렌버핏의 이러한 발언은 애플이 성장주가 아니라 가치주라는 것을 꿰뚫어보았음을 의미한다.

오른쪽부터
스티브 잡스,
팀 쿡, 워런 버핏

폭락의 공포 속에서만이 아니라, 환희로 가득 찬 버블 속에서도 변화의 본질을 꿰뚫어보는 혜안에 감탄 또 감탄할 따름이다.

그렇다면 삼성도 애플과 같은 길을 걸을 것인가? 갤럭시 시리즈가 나름대로 선전하고 있지만, 꽃은 아름다워도 뿌리가 될 수 없는 법이다. 안타깝게도 삼성전자는 애플과 달리 '뿌리 깊은 나무'가 아니기 때문이다.

2012년 6월 신화통신에 따르면 중국의 안휘성에 어느 소년이 아이패드를 사기 위해자신의 신장을 매매했다고 한다. 특정 기업 제품에 대한 브랜드 로열티가 극단적으로 표출된 사례라 할 수 있다. 명품을 사기 위에 몸을 파는 여자가 있듯이 브랜드 로열티가 강한 소비자는 그것을 충족시키기 위해서 비이성적 행위를 하기도 한다.

이에 반해 삼성 제품을 사기 위해 장기를 파는 사람이나 몸을 파는 여자가 있다는 기사를 나는 본 적이 없다. 애플에는 '애플 빠'가 있지만

아이패드 2

삼성에는 '삼성장학생'과 김용철 변호사가 폭로한 '정규직 댓글 알바' 가 있을 뿐이다.

즉, 갤럭시를 포함한 삼성의 제품은 그저 성능 좋은 제품으로 인식될지 몰라도 브랜드 로열티가 확고한 마니아를 가진 명품의 위치에는 오르지 못하고 있다는 말이다.

이러한 상황에서 스마트폰 시장이 성숙 단계에 이르게 되면 '뿌리 깊은 나무' 애플의 헤게모니는 더욱 공고해지고 애플은 향후 경제적 해자를 가진 훌륭한 가치투자의 대상이 될 것이다.

하지만 '뿌리 깊은 나무' 애플을 제외한 나머지 스마트폰 메이커들은 제한된 시장에서 이전투구를 벌여야 할 것이다. 이 중 일부는 '잡초'와 같이 쓰러질 것이다. 삼성은 성숙기에 들어간 스마트폰 시장에서 안드로이드 운영 체제를 쓰는 다른 스마트폰 메이커들과 극심한 경쟁을 하지 않을 수 없다. 이는 향후 삼성전자의 이익률에 잠재적 리스크가 될 것이다.

따라서 2012년 3월 현재 삼성전자의 비중을 확대하는 것은 신중하게 생각해볼 필요가 있다.

네 손이 지은 죄를 기억해

1. 쇼! 끝은 없는 거야

2012년 7월 현재 OECD 경기선행지수의 하락세가 계속 이어지는 가운데 시장의 변동성으로 인한 불안심리가 확산되고 있다. 한국은행은 깜짝 금리인하 쇼를 벌이면서 투자 심리에 찬물을 끼얹었다.

경기 회복세가 주춤해지고 있는 요즘, 금리 인하의 당위성을 부정하고 싶지는 않다. 그러나 지구촌 시장에 충분한 시그널을 주지 않은 점, 그 이전에 충분한 금리 인상을 통해 충분한 여유 공간을 확보하지 못한 사실은 한국은행의 실책이다.

이러한 깜짝 쇼는 금리 인하가 충분한 고려 없이 졸속으로 이루어진 것은 아닌지 의구심이 든다.

유럽 재정위기 해결을 위한 유로존 각국에 노력이 이어지고 있지만 경기 회복세는 여전히 충분치 못하며 이로 인해 최근 코스피의 12개월 Fwd PER*은 8배 수준에 불과하다. 이는 미국금융위기, 유럽재정위기 당시의 바닥권 수준이다.

게다가 EPS 추정치가 지속적으로 하락하면서 저평가 상황이 장기간 지속되는 가치 함정(Valuation trap)에 빠진 것은 아닌가 하는 우려도 있다.

---

* Fwd PER(Forward PER)
   애널리스트의 12개월 실적 전망치의 평균에 근거한 예상 PER을 의미.

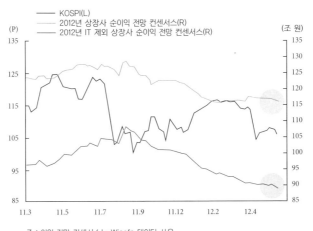

<KOSPI와 상장사 순이익 컨센서스 - 이익 추정치 하향세>

주 : 이익 전망 컨센서스는 Wisefn 데이터 사용
자료 : Bloomberg, Wisefn, KDB 대우증권 리서치센터

이렇게 EPS 예상치의 하향추세가 이어진다는 것은 기존의 EPS 예상치에 낙관적 편향이 있었다는 것을 의미하고, 따라서 Fwd PER의 신뢰도가 떨어지게 된다.

하지만 지금 상황에서 남아 있는 낙관적 편향이라면, 이순신 장군의 12척의 배와 같은 그런 상황이 아닐까?

2. 유동성이여 어디로 가시나이까?

Fwd PER이 낮은 수준에 머물면서 가치 함정(Valuation trap)에 빠진 상황이라면 주식시장에 대한 기대수익률이 낮아졌다는 것을 의미한다. 따라서 양적완화와 LTRO*를 통해서 방출된 유동성들이 대부분 주식시장으로

---

* LTRO(Long Term Refinancing Operation)

들어오지 않고 엉뚱한 곳으로 갔다고 할 수 있다.

이 유동성들이 간 곳을 찾아간다면 분명 시장에 낙관적 편향이 있는지 파악할 수 있고, 이를 통해 Fwd PER의 신뢰도를 체크할 수 있게 된다. 그렇다면 주식시장을 제외하고 유동성이 간 곳은 어디일까?

막대한 M2 증가세를 감안하면 인플레이션도 그렇고, 주식도 아니라면 범인은 누구일까?

첫 번째 용의자 대출

주택경기 회복세는 부진하고 미국 기업의 경우 50년대 이후 최대치의 현금을 쌓고 있는 상황이다. 금융위기 이전 수준으로 대출이 회복되었다고 하지만 부동산 시장이 살아나지 않는 한 양적완화로 인해 풀린 돈이 대출로 갔다고 보기에는 무리가 있지 않을까?

두 번째 용의자 원자재

2011년의 원자재 상승세를 감안할 경우 유력한 용의자인 것은 사실이다. 하지만 지금은 기대 인플레이션 하락으로 인해 흉작 때문에 상승하는 옥수수 정도를 제외하면 너무 조용하다. M2 증가세를 감안하면 벌써 하이퍼인플레이션이 왔어야 하는데 말이다.

그렇다면 경기가 살아난 다음에는 어떻게 될까?

세 번째 용의자 주택 및 부동산

후행지표인 부동산시장에 유동성이 들어왔다면 세계 증시는 아마 안드로메다로 날아가 버렸을지도 모른다. 하지만 현실은 시궁창이다. 버블

유럽재정위기 당시 유럽중앙은행이 남유럽국가에게 시행한 장기대출프로그램.

붕괴 이후 시장이 회복되는 데 평균 4.5년, 길게는 7년까지도 걸린다는 점을 감안하면 어쩌면 당연한 일인지도 모른다.

네 번째 용의자 파생상품

〈파생 상품별 시장규모 성장 추이〉

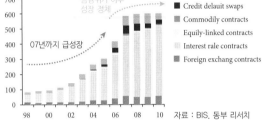

'미국 금융위기 : 대공황 시즌 2'에 무대이기도 했던 파생상품. 관계 자들에게 고가의 '옵션'이 장착된 고급 외제차를 '선물'로 줄 수 있는 VVIP만의 공간이었으나 2012년 7월 현재에는 JP모건의 대규모 투자 손실 등 괴담의 무대가 되고 있다.

그렇다면 범인은 누구일까?

바로 채권

정황증거는 충분하다. 최근 개봉작 '미국 금융위기 : 대공황 시즌 2' 그리고 '유럽재정위기 : 나는 악마를 보았다'이 후 다음 작품이 '인류멸 망보고서'가 될 것이라는 것은 충분히 생각할 수 있는 일이다. 결국 안전 자산의 대표주자인 채권으로 돈이 몰릴 것이라는 것은 너무나 당연한 일이다.

3. 느끼기 전에 생각하라

하지만 '인류멸망보고서'가 차기작인지 여부를 생각하기에 앞서 모두에게 한 가지 묻고 싶은 것이 있다.

"당신은 정말 스스로 생각을 하고 있는 것일까?"

"혹시 느끼고 있는 것은 아닐까?"

---

* 만약 미성년자가 이 책을 읽을 것이라고 생각한다면, 그 친구 혹시 '조지 소로스 2세'는 아닐지 한번 긍정적으로 생각해 보는 것이 어떨까? 부모의 압력이나 수행평가, 입학사정관제 따위와 상관없이, 금융과 경제에 순수한 관심을 가진다면 충분한 싹수가 있어 보이는데 말이다.

긍정의 힘!

인생을 살면서 느끼는 것은 참 중요하다. 특히 개인적인 시간에 말이다. 하지만 투자나 경제적 판단을 내릴 때 느끼는 것은 바람직하지 못하다. 우리는 시도 때도 없이 느끼는 사람을 '변태(變態)'라 부른다.

'대공황 시즌 1' 당시 독일의 수구꼴통 아돌프 히틀러는 총선 당시 국민 통합이라는 헛소리를 지껄이면서 독일 국민들을 선동했다. 국민 통합이라는 단어에 '느낀' 독일인들의 광기는 엄청난 범죄와 파멸로 이어졌다. 만약 독일인들이 국민통합이라는 단어를 듣고 느끼기 전에 '생각'을 했다면 히틀러는 절대 정권을 잡지 못했을 것이다. 생각해야 할 때 '느끼는 사람들'로 구성된 사회의 미래는 없다.

'미국금융위기 : 대공황 시즌 2' 이후 지금 우리는 히틀러 같은 자가 나온다면 과연 그를 막을 수 있을까?

지금 이 순간 독일과 프랑스에는 시대를 초월해 또 다른 무리의 '느끼는 사람들'이 있는 것 같다.(獨·佛 단기 국채 마이너스 금리 발행 - 이투데이)

채권이란 원래 이자를 받기 위해 사는 것이다. 그런데 이자를 주고 채권을 산다?

아무리 생각해도 '불가피한 최선의 선택'이라고 할 수는 없어 보인다.

'유럽재정위기 : 나는 악마를 보았다'의 마지막을 장식할 쇼일 가능성도 높지만, 솔직히 '느끼는 사람들'에 의한 '채권 버블'이라고밖에 보이지 않는다. 이 상황에서 '느끼는 사람들'은 독일, 프랑스에만 있는 것이 아니다.(美 물가연동국채 사상 최저 마이너스 금리 - 연합뉴스)

일본 통일을 눈앞에 두었던 오다 노부나가가 혼노지라는 절에서 믿었던 심복에게 암살당했듯이, 미국과 같이 무소불위의 힘을 가진 국가를 무너뜨리는 것은 '내부의 적'일 수밖에 없다.

마이너스 금리로 미국 국채를 사는 사람들이 이렇게 많은데도 불구하고, 만일 재정절벽 때문에 미국이 망하는 '경제적 밀실 살인 사건'이 벌어진다면, 보수 공화당은 사건 현행범이고, 티파티는 살인 교사죄를 지른 것이라고 할 수 있다.

투자 경험이 길어질수록 우리는 모두 죄인이 된다.
2008년 코스피 2000 때 매수 버튼을 누르던 죄, 그 후 코스피 900에 매도 버튼을 누르던 죄, 2011년 상반기 자문형 랩과 차화정에 매수 클릭하던 죄, 하반기 브라질 채권 매수 버튼 누르던 죄 등이 있다.
모든 투자자는 시장 앞에서 모두 죄인이다. 저 또한 나름대로 죄 많은 인생. 성당 신부님도 아니고 여러분의 죄를 사해드릴 수 있는 사람도 아니지만, 그래도 하루하루 반성하며 살아가는 일개 투자자에 불과한 그런 인생이다. 많은 사람들의 손이 지은 죄를 기억한다면, 정말 시장에 낙관적 편향이 있는지, 과연 정말 EPS 예상치가 하락하고 있을 때 Fwd PER의 신뢰도가 떨어지는지 한번 생각할 필요가 있다.

〈한국의 국면별 EPS 추이의 변화 : IT 버블 붕괴나 금융위기 시와는 다르다〉

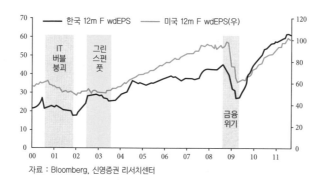

자료 : Bloomberg, 신영증권 리서치센터

정말 시장에는 낙관적 편향이 아직 남아 있을까? 채권시장에 돈이 몰리면서 마이너스 금리에 입찰이 이루어진다. 현재 상영작 '유럽 재정위기 : 나는 악마를 보았다'의 한 장면인가? 물론 그렇다.

하지만 사실 이 장면은 2008년 개봉된 '미국금융위기 : 대공황 시즌 2'에서 모티브를 따온 장면이다. 미국 금융위기로 인한 극단적인 안전자산 선호가 이루어지고, 투자자들의 심리가 흔들리는 상황이다. 채권에 몰리는 유동성은 버블을 형성하고 결국은 미국 국채는 마이너스 금리에 거래된다.

이렇게 채권에 과도한 자금이 몰리는 상황 속에서 낙관적 편향이 시장에 존재한다면 그거야 말로 '유령'과 같은 것이 아닐까?

그리고 EPS예상치가 하락한다면 Fwd PER 8배의 신뢰도는 심각하게 떨어질 것인가? 먼저 미국 금융위기 당시를 보자.

EPS 예상치는 이번과 마찬가지로 하락하고 있다. 다음으로 유럽재정위기 당시 상황을 보자.

〈펀더멘털 : 12개월 예상 EPS〉

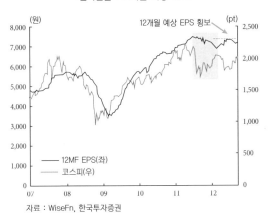

자료 : WiseFn, 한국투자증권

유럽 재정위기가 이어지는 상황을 반영하듯 EPS 예상치가 하락하고 있다. 저평가 상태가 지속되면서 Valuation Trap에 빠질 가능성을 배재할 수 없지만, Fwd PER 8배에 대한 신뢰도가 시장에서 우려하는 것만큼 심각한 것이 아닐 가능성이 높다. 낙관적 편향이라는 '유령'이 존재하는지 여부도 불확실하다.

5. 되돌려야 한다.

현재의 경기 회복세는 모두가 알다시피 부족한 것이 사실이다. 하지만 지금과 같은 안전자산 선호는 분명 버블이라는 것 또한 사실이다. 그 동안 우리 손이 지은 죄들을 기억한다면, 장기적으로 채권 등 안전자산을 과도하게 보유하는 것은 바람직하지 못하다.

장기투자자들에게는 지금이 기회겠지만, 그럴 만한 여유가 없다고 해도 시장 상황에 대해 꾸준한 관심을 가지는 것이 필요하지 않을까?

🌾 금융시장의 용감한 녀석들

시장의 자금이 한쪽으로 쏠렸을 때 그 기대를 배신하는 움직임이 나왔다는 것은 하루 이틀이 아니다. 금융감독원에 따르면 유럽재정위기가 극에 달했던 2011년 9월, 코스피 시장에서 외국인의 순매수는 약 60조 원에 달하는 것으로 집계되었다. 2012년 4월 말 현재 외국인은 포지션에 대한 하방 리스크 헤지를 하고 있는 것으로 보인다.

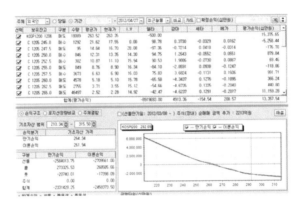

그리고 ELS를 직접 운용하는 우리의 증권.

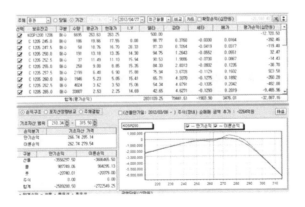

역시 변동성 감소에 베팅하고 있다. 아마도 이렇게 된 데는 ELS 버블이 큰 영향을 미쳤을 것이라고 추정 가능하다.

코스피 1920 정도에 해당하는 260선에서 외국인과 증권의 포지션이 엇갈린다. 즉, 이를 통해 우리는 ELS를 이용해 외국인이 Protective put 을 구사하고 있다고 추정할 수 있다.

그렇다면 외국인의 헤지*에 총알받이가 되는 ELS의 미래는 과연 어떻게 될까?

앞서 설명한 것처럼 자금이 쏠리는 곳에서 항상 폭탄이 터졌다. 이번에도 예외가 아닐 것이다. 파생상품의 일종인 ELS의 만기는 약 3년 정도가 일반적이다. 즉, ELS에서 폭탄은 3년 내에 터질 가능성이 크다고 추론할 수 있다.

어떤 사람은 이렇게 말할지도 모른다. 펀드, 랩어카운트 같은 위험성 자산과 달리 ELS는 안전하다고 말이다.

---

* 헤지(hedge)

가격 변동의 위험을 선물의 가격 변동에 의하여 상쇄하는 현물거래. 가격 변동이나 환 위험을 피하기 위해 행하는 거래로 위험 회피 또는 위험 분산이라고도 한다.

수출 대금을 후지급 결제 방식으로 계약한 경우, 수출 대금의 가치는 환율의 변동에 따라 크게 달라질 수 있는 환율 변동의 위험에 처한다. 이러한 위험을 없애기 위해 환율을 미리 고정시키는 거래를 말한다. 선물 환거래가 대표적이다.

선물거래에서의 포지션(position)이 매입인지 매도인지에 따라 롱헤지(long hedge)와 숏헤지(short hedge)로 나뉜다. 위험이 완전히 제거되느냐 여부에 따라 완전헤지(perfect hedge)와 불완전 헤지로 구분한다. 선물시장과 현물시장의 상품이 서로 다른 경우를 교차헤지(cross hedge)라 한다.

주식시장에서도 활용된다. 주가지수 선물거래에서 주식시장의 전체적인 가격 변동에 따른 투자 위험을 효과적으로 회피하기 위해 주식시장과 반대되는 포지션을 취하는 것을 헤지거래라 한다.

하지만 존 템플턴은 이렇게 이야기했다.

"세상에서 가장 비싼 네 단어. 이번에는 다르다(This time is different)."

많은 전문가들이 안전하다고 말해온 브라질 채권 투자의 말로를 생각한다면 ELS 버블의 말로 역시 다르지 않을 것이다.
ELS를 운용하는 증권의 포지션에서 보았듯이 ELS는 변동성이 커지면 손실을 보는 상품이다. 여기서 우리는 두 가지 시나리오를 구상할 수 있다.

첫째, 유럽 쪽에서 핵폭탄 하나 큰 게 터지면서 ELS 하방(下方, 하방경직성, 아래쪽 방향) 배리어(barrier, 장벽, 장애물)를 터치해 현물투자자, ELS 투자자들이 함께 죽는다. 일명 '가미가제(너 죽고 나 죽자)' 시나리오. 이 무렵 많은 투자자들과 전문가들이 예상했던 시나리오다.

둘째, 우리의 예상을 뛰어넘는 상승장이 온다. ELS의 상방 배리어를 터치하면서 ELS가입자들은 은행이자, 혹은 그 이하의 정말 낮은 수익을 내고 현물 보유자들은 큰 수익을 내는 시나리오다. 일명 '닭 쫓던 개 지붕 쳐다보기' 시나리오.

ELS 가입자들이 랩어카운트나 펀드를 환매하고 들어오는 경우가 많다는 것을 감안하면, 두 번째 시나리오로 인한 상대적 박탈감이 더 극심할 것이다.

2012년 4월 말 현재 이 시나리오의 지지자는 소수다. 하지만 우리는 미국의 주택지표 호전과 사상 최대치를 기록하고 있는 정크본드 발행량을 통하여 위험자산 투자 심리가 나타나고 있음을 알 수 있다.

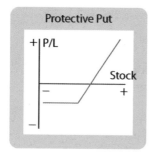

외국인의 포지션이 Protective put*이라면 두 번째 시나리오의 가능성은 더 높아진다. 하락이 있다고 해도 제한적인 수준에 그칠 것이다. 고로 지금 타이밍에서는 ELS보다 적립식 펀드를 가입하거나 장기간 묻어 둘 우량 주식을 찾아서 장기 투자하는 것이 바람직하다고 본다.

---

* Protective put

　향후 시세가 하락할 것으로 예상될 경우 현물주식포트폴리오에 손실을 헤지하기 위하여 풋옵션을 매수하는 전략. 장기적인 현물 가치가 상승할 것이 기대되나 시장에 변동성으로 인해 일시적으로 가치가 하락할 가능성이 있다고 판단될 때 주로 사용됨.

✔ ELS의 저주

2012년 4월 현재 주식시장은 삼성전자와 현대차의 독주 속에 지루한 횡보를 보이고 있다. 이러한 현상은 경기 회복세와 기업 실적에 대한 확신이 아직 부족한 가운데 밸류에이션 메리트 또한 부족하기 때문이다.

하지만 이러한 시장 상황을 침체장에 원인으로 보기에는 뭔가 부족함이 있다. 시장이 내려가면 올리고 올라가면 내리는 그 무언가.
바로 ELS.

<ELS 월별 총 발행 규모 및 건수 추이>

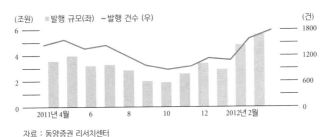

자료 : 동양증권 리서치센터

<주식형 수익증권 잔고>

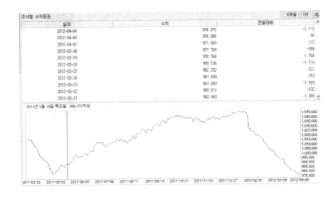

위 표를 보면 2012년 1월 이 후 ELS의 발행규모가 급증했음을 알 수 있다. 침체장 속에서 환매 러시가 이어지는 펀드 잔고와 사상 초유에 증권사 경영진에 법원 망년회 이 후 역시 위축되는 ELW과는 대조적인 상황이다.

속칭 개미지옥이라 불리던 ELW의 몰락, 펀드자금 이탈. 그리고 ELS의 활황. '그리하여 투자자들은 모두 원하는 수익을 내고 영원히 행복하게 살았습니다' 라고 이야기가 끝나는 것은 어린이 용 동화 속에나 있을 법한 일이다.

언제나 그렇지만 우리의 현실은 결국 성인동화 일수밖에 없다.

그리고 해피엔딩으로 끝나는 어린이용 동화와 달리 모든 성인동화의 끝은 항상 새로운 이야기로 시작으로 이어진다.

출처 https://www.flickr.com
/photoe/mimoza291/8062677223
/sizes/o/in/photostream/

ELS가 이뻐~ S 라인이야~

마치 할리우드의 유명 제작사인 네오콘 프로덕션의 조지 W 부시 감독이 2003년 개봉한 '충격과 공포 : 이라크의 눈물'이 '미국금융위기 : 대공황 시즌 2', '유럽재정위기 : 나는 악마를 보았다'의 복선을 깔았듯이….

네오콘 프로덕션의
대표 감독
조지 W 부시

전형적인 원금 비보장형 ELS(특히 스텝다운 형)의 구조는 일반적으로 다음과 같다.

만기는 주로 3년.
하방 배리어는 50 ~ 60%(기준은 100%).
만기 이내에 하방 배리어(Barrier, 장애물)를 터치하지 않으면 연간 기준 약 15% 정도의 수익 지급.
만약 하방 배리어를 터치하면 기존의 Short gamma hedge가 Long gamma hedge로 바뀌게 되고 ELS투자자는 손실을 확정하게 됨.

그러면 Short gamma hedge가 Long gamma hedge는 무엇인가? gamma는 옵션의 변동성 자체를 의미한다.

단순하게 설명자면 Short는 하락과 수축을, Long은 상승과 확대를 의미하고 gamma는 변동성을 뜻한다. 고로 Short gamma는 변동성 축소, Long gamma는 변동성 확대를 의미한다. 변동성을 줄이기 위해 이루어지는 헤지를 Short gamma hedge, 변동성을 늘리기 위해 이루어지는 헤지를 Long gamma hedge라 한다.

ELS는 Short gamma hedge를 ELW은 Long gamma hedge를 하게 되며 ELS 발행이 늘어나면 기초자산의 변동성은 줄어들 가능성이 크고, ELW 발행이 늘어나면 기초자산의 변동성이 늘어날 가능성이 높다.

하방 배리어를 터치하기 이전에 적용되는 Short gamma는 ELS에 손실에 대해 증권사가 적극 헤지를 한다는 의미이고, 하방 배리어를 터치한 후 Long gamma로 바뀌게 되면 ELS에 투자한 고객의 손실을 확정하고 증권사가 손을 놔버린다는 것을 의미한다.

※ 이 시점에 델타 헤징이라는 것이 이루어진다. 이 과정에서 해당 기초자산에 대한 상당한 매도가 나온다. 이 매도 행위에 증권사의 부정행위가 있었느냐가 바로 ELS를 둘러싼 법정공방의 쟁점이다. 어느 쪽 주장이 옳은지는 아직 판단을 내리기가 쉽지 않다.

그렇다면 그 gamma hedge라는 것이 시장에 어떤 영향을 주는 것일까? gamma hedge를 하는 과정에서 선물이 이용되고 변동성을 줄이는 Short gamma hedge 시에는 기초자산의 가격이 오르면 선물을 매도하고, 떨어지면 선물을 매수한다. 즉, 역 추세 매매를 하는 것이다.

반대로 Log gamma hedge 시 기초자산의 가격이 오르면 선물을 매수하고, 기초자산의 가격이 내리면 선물을 매도한다. 즉, 추세매매를 하는 셈이다.

지수가 오르면 선물을 매도해서 프로그램이 주식을 매도하게 한다. 반대로 지수가 내리면 선물을 매수해서 프로그램이 주식을 매수하게 한다. 이 과정에서 강력한 모종의 모멘텀이 있는 종목(ex- 삼성전자, 현대차 등)이 아닌 나머지 종목들의 주가는 지지부진하게 된다. 이는 펀드 환매 가속화와 ELS로의 자금 집중을 더욱 심화시켜 ELS의 영향력은 더욱 커진다.

이러한 상황 속에서 지수가 내려오면 반발 매수세가 유입되고, 올라가면 매도세가 유입되면서 지루한 횡보를 거듭하게 된다. 즉, 주식이 떨어져도 개별 종목에 문제가 아닌 이상 굳이 손절을 할 이유는 없어 보이고, 강력한 모멘텀과 함께 신고가를 갱신하는 제2의 삼성전자를 노리는 것이 필요하다.

하지만 그렇다면 지금이라도 뒤늦게 ELS를 가입해야 하는 시점일까? 나는 개인적으로 세 가지 측면에서 바람직하지 않다고 생각한다.

첫째, 수익률 측면이다.

ELS의 기초자산 가격이 하방 배리어를 터치하지 않을 때 사용되는 Short gamma란 옵션을 매도를 의미한다. 즉 ELS 가입자는 옵션을 매도하는 입장이다.

그렇다면 변동성이 옵션 가격이 미치는 영향은 어떠한가? 기초자산의 변동성이 올라가면 옵션의 내재변동성도 올라가고, 이는 옵션 가치의 상승으로 이어진다. 따라서 ELS 가입자는 변동성이 커짐에 따라 옵션의 가치가 극대화되는 시기에 가입하는 것이 수익률 재고에 도움이 된다.

둘째, 시장의 쏠림 현상은 버블을 만든다.

과거의 사례를 놓고 보았을 때 특정 섹터로 쏠림 현상이 벌어지는 시점은 대부분 해당 섹터의 꼭지였다.

가장 대중적인 위험자산 투자수단은 존 보글이 최초로 개발한 인덱스펀드일 것이다. 그리고 KODEX 시리즈로 유명한 삼성자산운용의 최신 ETF 론칭 시점은 해당 자산에 대한 투자가 대중화 되는 시기와 일치할 가능성이 크다. 따라서 KODEX 시리즈의 론칭 시점은 특정 자산에 대한 투자자들에 쏠림 현상을 가늠하는 기준으로 보아도 무리가 아닐 것이다.

<KODEX 자동차 론칭 시점과 현대차 주가>

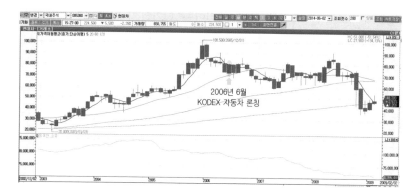

<KODEX 반도체 론칭 시점과 삼성전자 주가>

인덱스펀드로 유명한 삼성자산운용은 2006년 6월 KODEX자동차와
KODEX 반도체를 내놓았다. 당시에 주도주였던 자동차와 반도체주에
분산 투자하는 ETF였다. 하지만 그 후 자동차와 반도체를 포함한 IT
주는 주도주에서 탈락했고, 3년이 지난 2009년이 되어서야 다시 주도주
의 자리에 올랐다.

<KODEX 조선 론칭 시점과 현대중공업 주가>

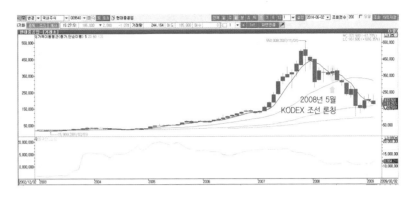

<KODEX 증권 론칭 시점과 증권업종지수>

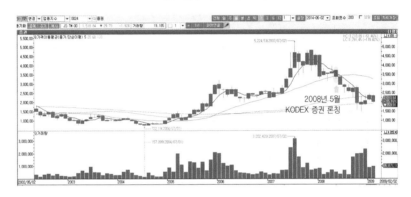

2008년 5월 삼성자산운용은 KODEX조선, KODEX증권을 내놓았다.
당시에 주도주였던 조선주에 분산 투자하는 ETF가 나왔고 시장참여자
들은 이를 열심히 거래했다. 그 때가 조선주가 마지막 불꽃을 내던 시기
였다.

〈KODEX Brazil 론칭 시점과 브라질 보베스파 지수〉

〈KODEX China H 론칭 시점과 홍콩 H 지수〉

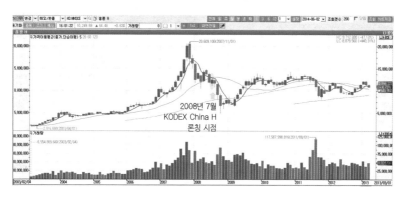

2008년 7월 삼성자산운용은 브라질 보베스파 지수에 투자하는 KODEX Brizil, 홍콩 H 증시에 상장된 중국 기업에 투자하는 KODEX China H 을 내놓았고 그 시기는 전 세계 증시가 동시에 폭락하기 직전이었다.

〈KODEX 국고채 및 KODEX 인버스 론칭 시점과 코스피 지수〉

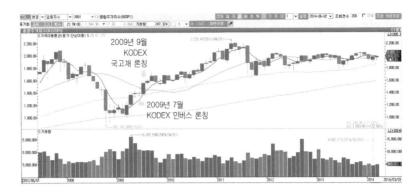

2009년 7월 삼성자산운용은 당시 더블 딥 공포 속에서 국고채에 투자하는 KODEX국고채를 내놓았다. 하지만 그 당시 한국 증시는 미국의 구제 금융과 양적 완화로 인해 1500을 돌파하기 직전이었다.

※ 2013년 12월 현재의 3년 만기 국고채의 금리 수준으로 놓고 보면 2009년 7월 당시 국고채에 투자하는 것은 분명 수익성 있는 투자이나 동일한 시점에 코스피 지수에 장기투자 하였다면 더 나은 수익을 기록했을 것이다.

2009년 9월 삼성자산운용은 KODEX인버스를 내놓았다. 9월 위기설과 더블 딥에 대한 우려가 상당히 컸던 시기였다. 당시 코스피의 종가는 약 1693이었다. 그 후 시장은 수많은 곡절이 있었지만 오히려 올라갔다.

〈KODEX 건설 론칭 시점과 GS건설 주가〉

2009년 10월 출시한 KODEX건설은 어떤가? 건설주는 그 후 상당한 시련을 겪었으며 종목별 차별화가 심해지면서 주도주에서 경쟁에서 밀려나고 말았다.

물론 KODEX철강과 KODEX에너지화학, KODEX삼성그룹 같은 경우의 반례가 있는 것은 사실이다. 하지만 전반적으로 보았을 때 특정 섹터에 집중하는 상품이 대규모로 출시된 시기와 해당 섹터의 시세가 끝나는 지점이 일치하는 경향이 있었던 것은 인정하지 않을 수 없다. 이러한 상품들이 나오는 것은 시장의 쏠림 현상이 있다는 강력한 증거 중 하나다. 단기적으로 해당 섹터가 붐을 이룰 수 있지만, 에너지를 모두 소진하고 나면 대세 하락할 가능성도 있다.

이는 과거의 베트남펀드, 최근 판매된 브라질 채권 등에서도 여지없이 반복되면서 과열된 섹터에 대한 투자는 결론적으로 손실이었음을 보여준다.

셋째, 대리인 문제의 가능성이다.

쏠림 현상이 벌어지는 시점에 고객과 직원의 이해 상충의 대리인 문제가 발생할 가능성도 무시할 수 없다.

이미 고점에 이른 금융상품은 투자심리가 과열되어 있다. 따라서 고객들이 많이 찾는 상품일수록 좋은 투자처가 아닐 가능성이 높다. 하지만 실적 문제가 걸려있는 금융사 정규직 영업직원 및 은행 PB들이 고객에게 올바른 정보를 제공하지 않는 도덕적 해이에 빠질 가능성이 있다.

혹은 장님이 장님을 인도하는 것과 같이 금융사 직원의 개인 역량 부족으로 그 사실 자체를 인지하지도 못할 가능성이 존재한다.

고객의 입장에서 금융사 직원은 투자의 동반자다. 하지만 직원에 따라서는 '적과의 동침'이 될 수도 있다.

part
02

겁먹은 돈은
이기지 못한다

Scared money never wins

part 02
겁먹은 돈은 이기지 못한다

1. '유럽재정위기 : 나는 악마를 보았다' 재개봉?

2012년 5월 긴축에 반대하는 여론에 힘입어 프랑스에서 사회당 올랑드 후보가 사르코지를 이기고 대통령이 되었다. 독일에서는 집권 기민당이 사민당에게 총선에서 참패했다.

이러한 유럽의 정치적 격변이 유럽 재정위기 해결에 차질을 빚을 것이라는 주장들이 시장에 퍼지고 있었다. 그리스에서 중도우파와 중도 좌파가 연정을 이루기 불충분한 지지를 받은 것에 반해 친나치주의 성향을 띤 극우 정당 황금새벽의 원내진출이 이루어지면서 그리스 발 위기의 재발 가능성이 높아지고 있었다.

과연 유럽 재정위기는 금융시장의 또 다른 폭탄이 될 것인가? 이러한 상황 속에서 우리는 어떤 판단을 내려야 할 것인가?

올랑드 후보의 아버지는 민족주의자 드골에 반감을 가진 프랑스의 극우정당인 국민전선의 지지자

위에서부터
나찌의 상징 하켄크로이츠,
그리스 극우정당
황금새벽당의 깃발

였고 친독 비시 정권을 옹호했다. 반면 사회복
지사였던 어머니는 온건 좌파적 성향을 가진 사
람이라고 한다.

이런 부부가 어떻게 결혼하게 되었는지는 사실
좀 미스터리하다. 어쨌든 이러한 성장 배경을
가진 올랑드는 과거 미테랑 대통령 시절 경제
보좌관을 지내면서 실무 경험 또한 쌓아왔고,
성장과 부자증세를 주장하고 있다.

사실, 저 부드러운 남자예요.

그의 성향은 절대평가로는 정동영이나 노회찬, 상대평가를 하자면 안철
수 정도로 보인다.

따라서 올랑드는 메르켈과 극도의 대립을 하기보다는 대화와 협상을 통
해 문제를 해결할 가능성이 크고 시장에 실질적인 리스크를 야기할 만한
사람은 아니다.

2. 불편한 진실

어떤 사람들은 말한다.

빚이 많으면 당연히 줄여야 하니 긴축은 당연하다고.

과연 그럴까? 한번 상식적으로 생각해보자.

여기 은행에 대출을 제대로 갚지 못하는 어느 중소기업 오너가 있다. 대
출을 갚기 위해 영업활동과 공장 가동을 멈추고 전기 요금을 아끼는 것
이 합리적일까? 대출을 갚기 위해 영업활동을 더욱 강화하고 공장을 돌
릴 수 있게 은행 측에 양해를 구하는 것이 합리적일까?

부채의 수준과 기업에 처지에 따라 다른 해결책이 나올 것이다.

부채가 정말 과도하고 해당 기업의 역량이 부족하다면 채권자는 한 푼도 돌려받지 못할 것이라는 불안감을 느낄 것이다. 따라서 부채를 조금이라도 갚고 말하자고 할 것이다. 하지만 부채의 양이 통제 가능한 수준이고 해당 기업의 역량이 뛰어나다면, 이 기업의 영업활동을 지원해서 부채를 상환할 돈을 벌어오도록 하는 것이 합리적이다.

그렇다면 유럽 각국의 부채는 어느 정도 수준이고, 그들에게 어떠한 해결책이 적절할까?

<2012년 5월 유럽국가들 GDP 대비 정부부채비율 2012년 말 예상치>

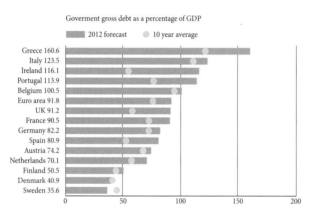

유럽 각국의 부채비율은 나라마다 천차만별이다. 그렇다면 과연 이들에게 일괄적으로 적용된 긴축이라는 솔루션은 과연 타당한 것일까?

일반적으로 국가부채비율이 개도국은 60%, 선진국은 90%를 초과할 경우 재정위기로 전이될 가능성이 높아진다. 스페인이나 프랑스는 아직 충분히 여유가 있는 상황이고, 이탈리아와 그리스의 부채비율이 좀 높은 수준이다. 다들 남유럽 국가들이 문제네 마네 하고 있지만 국가 부채비율 200%를 넘기는 일본이랑 비교하면 애들 장난 수준이다.

※ 일본이 저러고 버티는 건 국채의 90%가 내국인 손에 있기 때문이다. 일본의 오타쿠 기질은 채권에서도 맹위를 떨치고 있다. IT도 오타쿠, 금융도 오타쿠…. 즉, 일본은 디폴트 선언을 해도 자국민이 손해를 보지, 외국에 직접적인 영향을 끼치지 않는 완전한 갈라파고스적 시스템을 구축했다. 아마 이 인간들이 혹시 망한다고 해도 엔 캐리 청산으로 인해 금융시장이 좀 흔들리겠지만 유럽처럼 시끄럽지는 않을 듯하다.

즉, 긴축에 대한 스페인과 프랑스에서의 저항은 따지고 보면 그 나라 정부와 국민들 입장에서는 당연하다. 정치적 목적을 띤 언론은 국민의 무지를 바로 잡기는커녕 이를 정치적으로 이용하고 있는 것이 현실이다.

독일이 이러한 국가 간 차이를 무시하고 긴축을 밀어붙이는 이유란 뭘까? 유로 시스템으로 이익은 보지만 유럽재정위기 극복을 위해 돈은 내기 싫다는, 지극히 본능적이고 말초적인 이유도 있지만 자기들 나름대로의 성공 사례에 대한 믿음이 있기 때문이다.

과거 통일 이후 후유증을 극복하기 위해 긴축을 통한 임금 인하와 부동산 가격 하락을 유도해 기업의 체질 개선과 경쟁력 제고를 이루어낸 자신들의 사례가 있으니, 너희같이 무식한 애들은 닥치고 '나 님'을 따르라 하는 것이다.

그런데 대체 유럽에서 통일 후유증을 겪는 나라가 존재하기는 하는 하나? 이 말은 '1, 2차 세계 대전을 일으켜 전 유럽을 뒤집어 놓고 분단되었던 나라가 독일 말고 어디 있느냐?'라는 질문과 같다.

따라서 긴축에 대한 재협상을 하자는 올랑드의 주장은 한국의 일부 정치적 목적을 가진 언론들이 떠드는 것과 반대로 사실 당연히 있었어야 할 합리적인 문제제기다.

한국에서 보기에는 전부 그 놈이 그 놈으로 보이겠지만 사실 EU라는 하숙집 안에 스페인, 프랑스 그리고 이탈리아, 그리스 그리고 독일을 포함한 북유럽 국가들이라는 완전히 다른 정치 사회 체제를 가지고 있는 '한 지붕 세 가족'이 살고 있는 셈이다.

우리 외지인들은 이 다국적 하숙집에 새 주인 메르켈 아주머니께서 과연 말썽쟁이 하숙생들을 어떻게 처리하실지 지켜보도록 하자.

그리스가 망했으니까 복지는 실패했다?
무식이 '죄'는 아니지만 진실을 알려 하지 않는 것은 '중죄'다.
그리스의 국가 부채에 75% 헤어컷을 실시하기로 이미 합의한 마당에 추가 채무 불이행이 혹시라도 벌어진다 해도 이는 과거 2011년 말에 준 충격의 1/4 정도에 불과하다. 그 당시 그리스가 부채를 100% 떼먹을까 봐모두가 두려움에 떨었지만 지금은 고작 25%만 남았다.

<그리스 채무 불이행 리스크로 인한 시장 충격>

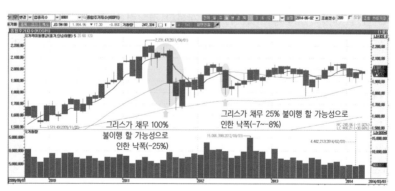

시장이 이를 정확하게 인식한다고 가정하면, 2011년 말 2200에 달하던 코스피가 1650으로 약 550포인트(고점 대비 -25%) 하락했으니, 고점인 2000

포인트에서 약 7~8% 하락한 1800 초반 정도에서 하락세가 마무리되는 것이 합리적이지 않을까.

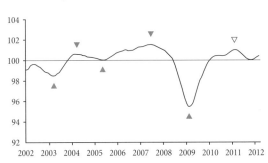

〈Regained momentum in the OECD area〉

2012년 5월 15일 기준으로 할 때, 코스피 지수의 PBR은 약 1.2배로 적정 수준이다. 2012년 예상 실적 대비 PER은 약 9배 정도 저평가된 것으로 추정된다. 또한 OECD 경기선행지수의 반등세가 이어지면서 경기 회복세는 꾸준히 이어지고 있다.

OECD 경기선행지수가 상승 추세일 때 120일선의 붕괴는 대부분 일시적이었다는 점을 감안하면 120일 선 부근은 기술적으로도 매수를 고려해야 할 시점일 공산이 크다.

3. Scared money never wins

월스트리트 격언에 이런 말이 있다. Scared money never wins(겁먹은 돈은 이기지 못한다.). 과도하게 리스크에 민감한 자금들이 시장의 흐름에 역행하여 투자되고 손실을 입는 과정에서 버블의 형성과 붕괴가 반복된다는 것을 의미한다.

"저 패가 단풍이 아니라는데 내 돈 모두와 손모가지를 건다. 쫄리면 디지시던가. -고니(타짜 중에서)"

일시적 시장의 흔들림은 겁먹은 돈들에 시장 이탈을 불러올 수 없다. 장기투자자들에게 새로운 기회를 제공해줄 것이다. 그렇다면 겁먹은 돈은 과연 무엇을 의미하는가?

시장에는 다양한 투자자들이 존재한다. 이들을 원금손실 가능성에 얼마나 민감하게 반응하나를 기준으로 한번 분류 해보도록 하자.

1등급	선물옵션, ELW, FX 등 고위험 파생상품에 레버리지를 일으켜서 방향성에 따라 투자하는 경우
2등급	변동성이 큰 중소형 주나 투기등급 채권에 투자하는 경우
3등급	시가총액이 크고 안정적인 대형주나 우량 회사채에 장기 투자하는 경우
4등급	ELS, ELD 등에 투자하는 경우
5등급	국공채를 사거나 시중금리 혹은 그 이하의 금리를 제공하는 예금에 투자하는 경우

얼마 전 붐을 이루었던 ELS는 바로 4등급에 해당된다. 즉, 겁먹은 돈들이 ELS에 몰린 것이라고 볼 수 있다. 그렇다면 이 ELS에 손실을 입힌 기초 자산에서는 일반 투자자의 물량이 대부분 손절이 나왔을 가능성이 크다. 이 중에서 유망한 종목들에 장기 투자한다면 장기적으로 괜찮은 수익률이 나올 공산이 크다.('ELS의 저주', '금융시장의 용감한 녀석들'을 참고할 것.)

그렇다면 이러한 종목들은 과연 어떤 종목들일까? ELS의 하방 배리어를 터치하면서 델타 헤지가 나오는 종목 중에서 향후 실적 개선이 가능한 종목이 그들이라고 생각한다.

4. 투자타이밍

〈상단: 삼성전자상단), 하단: KOSPI지수(2008/11/03-20012/12/28)〉

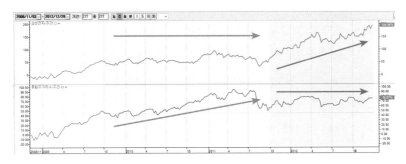

이 차트를 통해 우리는 미국금융위기 이 후 코스피 지수와 삼성전자 주가가 서로 다른 방향으로 움직이고 있음을 알 수 있다. 이러한 현상이 벌어진 이유는 무엇일까? 우리는 "최고 증여수단 삼성전자 200만원 간다(머니투데이 12년 12월 1일 박희진 기자)"라는 기사를 살펴보자.

위 기사에서 자산관리로 유명한 S모 증권의 PB는 삼성전자 주식을 자녀를 위한 증여 수단으로 꼽았다. 자식에게 증여하는 수단으로 이용되는 대표적인 상품이 ELS이다. 원금 보장형으로 하면 안전하고 원금비보장형이라도 개별 주식보다는 안정성이 높다. 따라서 본인 명의로 ELS가 있는 집 아이는 최소한 가난한 집 출신은 아닐 가능성이 크다.

결국 자식한테 물려줄 돈이니 안정성을 따지지 않을 수 없다. 위험자산에 함부로 투자할 돈이 절대 아니라는 말이다.

그런데 그러한 자금이 투자되는 주식이···. 삼성전자? 이거 거품 스멜이 좀 나지 않나? 상식적으로 주식은 가치주니 뭐니 아무리 떠들어봤자 위험자산에 범주를 벗어나지 못한다. 그런데 증여 수단으로의 안정성이 있다? 과거 12년 동안 투자를 하면서 위험관리를 철칙으로 삼아온 나로서는 전혀 이해할 수 없는 말이다.

무엇보다 안정성을 중시해야 하는 자금이 들어가는 곳이 역설적으로 고위험 고수익 성장주? 뭔가 좀 이상하게 들리지 않는가?

2012년 12월 현재 삼성전자 주가에 거품은 또다른 자료를 통해서 알 수있다. '삼성전자 주가 '高高' 1년 뒤 200만원 간다?(국민일보 2012년 11월 28일 이경원 기자)'라는 기사가 나올 당시 삼성전자 주가는 150만원 정도. 이러한 목표주가는 애널리스트들에 실적 전망치에 기초하고 있다. Wisefn의 애널리스트 실적 컨센서스를 확인해보자.

<추정실적 컨센서스 [K-IFRS(연결)]>

		분기									
FY-end	주재무재표	매출액 (억원)	YoY (%)	영업이익 (억원)	당기순이익 (억원)	EPS (원)	PER (배)	PBR (배)	ROE (%)	EV/EVITDA (배)	순부채비율 (%)
2009(A)	IFRS 연결	1,389,937	14.6	115,777	96,495	56,717	14.1	1.8	15.4	5.1	−9.8
2010(A)		1,546,303	11.2	172,965	157,990	92,863	10.2	1.7	20.7	4.6	−13.1
2011(A)		1,650,018	6.7	162,497	133,592	78,522	13.5	1.6	14.6	5.2	−12.0
2012(A)		2,008,979	21.8	290,798	231,750	136,217	11.2	1.9	21.3	4.5	−15.4
2013(A)		2,284,107	13.7	353,114	285,941	168,069	9.1	1.6	21.4	3.5	−23.4

※ (E) : 컨센서스 데이터 / ※ 컨센서스 : 최근 3개월간 증권사에서 발표한 전망치의 평균값
※ 연결기준 당기순이익은 지배주주귀속분

위 자료는 Wisefn에서 집계한 삼성전자의 실적 컨센서스이다. 이에 따르면 올해 2012년 삼성전자 예상 영업이익은 전년 대비 거의 2배가 증가한 수준이다. 삼성전자의 지금 주가 수준이 유지되기 위해서는 이정도 성장성이 필요하다는 말이다. 그런데 코스닥 중소형주도 아니고 삼성전자 같은 대형주의 영업이익이 2년 연속 전년대비 2배 증가하는 것이 과연 가능

할까? 불가능하지는 않겠으나 확률적으로 낮은 일이다.

결국 삼성전자의 목표주가 200만원에는 낙관적 편향이 존재할 가능성이 크다. 그리고 비록 삼성전자의 주당 기업가치가 정말 200만원이라고 해도 주가에 반영되는데 역시 시간이 필요하다. 하지만 2012년 12월 말 현재 삼성전자 측은 '정신과 시간의 방'에 들어갈 계획이 없는 걸로 알고 있다.

혹시 높으신 분들의 일장 연설을 들으면서 '정신과 시간에 방'에 다녀온 애널리스트들의 실수는 아니었을까?

한국에서 성장주 버블의 상징은 삼성전자다. 삼성전자는 갤럭시 S의 성장으로 인해서 성장주 프리미엄을 받는 기업이다. 이런 주식에 위험 회피적인 자금들이 몰려들고 있다는 거야 말로 성장주 버블이 마지막에 달했다는 증거는 아닐까?

이런 상황에서 현재의 주가가 유지된다는 것은 삼성전자에 성장프리미엄이 존재한다는 의미이고 이는 한국에서 대형 가치주의 시대가 열리기 위해서는 코스피 지수 대비 삼성전자의 약세가 그 신호탄이 될 가능성이 크다.

---

* 정신과 시간의 방

　만화 드래곤 볼에 나오는 신비의 공간. 이 방안에서 하루=현실 세계의 1년. 이 방안에서 하루 동안 수련을 하면 1년 간 수련을 한 효과가 나타난다. 고3 수험생들과 고시생들이 가장 가고 싶어 하는 공간이나 남학생들은 몇 년 후 영장과 함께 비자발적으로 가게 된다.^^

part
03

역사는
반복된다

History repeats itself

🌿 역사는 반복된다(History repeats itself)

1. Never ending story

이 글을 보는 분들은 '결코 끝나지 않은 이야기'에 이미 캐스팅되신 배우들이다.

여러분은 이 작품에 히어로나 헤로인이 되실 수도, 혹은 비극의 주인공이 되실 수도 있다. 하지만 여러분들로 인해 이 작품의 작품성은 더욱 높아진다.

그 작품은 바로, 시장(The Market)이다.

정말 죽여도, 죽여도 계속 나오는 좀비 같은 유로존 문제.

하지만 이 또한 언젠가 한번 쯤 들었던 익숙한 이야기의 한 부분에 불과하다.

2012년 중순 ESM의 자금이 부실화

유럽재정위기, 정말 이번이 끝일까?

된 은행으로 직접 지원이 가능하도록 합의했다는 소식에 세계 증시가 긍정적인 반응을 보였다. 유로존이 재정통합 이전에 은행동맹을 이루어나가려 노력하고 있다는 것으로 상당히 긍정적인 뉴스였다.

부산저축은행 사태와 비교하면 쉽게 이해할 수 있다.

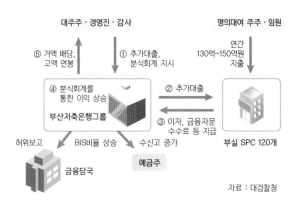

〈부산저축은행 SPC 이용한 비리 개념도〉

자료 : 대검찰청

※ 박지만이 개입되었다는 게 사실일까? 박태규 리스트 어디까지 진실일까? 진실이 반드시 규명되고 범죄자들을 비호한 인사들은 사법처리가 되어야 한다.

부산저축은행 사태는 오너가 저축은행의 예금을 쌈짓돈처럼 마음대로 사용했기 때문에 벌어진 일이다. 하지만 예금보험공사가 이러한 부산저축은행 측을 믿을 수 없으니 지원 자금을 부산시에게 준다고 생각해 보자.

상식적으로 이게 말이 되는 걸까?

하지만 부산저축은행에 직접 지원하는 것이 상식으로 받아들여지는 이유가 있다. 부산시가 대한민국의 영토이기 때문이다. 대한민국은 헌법에 한반도와 부속도서를 주권이 미치는 영토로 명확히 명시하고 있다. 부산시는 대한민국의 명실상부한 일부이기 때문에 부산시와 상관없이 부산 저축은행에 대한 지원이 가능한 것이다.

하지만 EU는 개별 국가의 모임으로 구성되어 있기 때문에 개별 국가의 정부를 통해 지원 자금이 집행되었다. 이로 인해 독일과 해당 국가의 정부와 긴축을 하네 마네 말이 많았던 것이다.

고로 ESM이 부실은행에 대한 직접 지원을 할 수 있게 되면서 은행동맹을 향한 유로존의 논의가 진전을 보이게 된 것은 더 나아가 재정동맹까지도 기대해볼 수 있게 하는 것이다.

또한 남유럽 국가들에 도덕적 해이를 방지하기 위한 유로존 차원의 금융 감독 시스템을 도입하기로 함으로써, 향후 재정통합 이상을 기대할 수 있는 여지를 남겼다. 물론 이는 독일님의 관리 감독 하에 있는 조직이다.(Accuracy in Media에서)

아줌마, 결국 짱 먹으니까 좋아?

2. History repeats itself(역사는 반복된다)

옛날, 옛날 아주 먼 옛날 13개의 나라들이 지금의 EU와 비슷한 연합을 이루기로 했다. 당시 이 13개 나라들은 서로 연합해 이웃의 아주 큰 나라와 오랜 전쟁을 치르게 되었고 마침내 승리했다.

하지만 큰 나라와 전쟁을 하다 보니 13개 나라들은 모두 상당한 빚을 지게 되었고, 가장 가난한 나라에서는 농민 반란까지 벌어졌다. 그래서 결국 13개의 나라 중 가장 부유한 나라가 나머지 나라의 부채를 책임지기로 하고, 13개국 연합의 공동 명의로 채권을 발행하기로 했다.

그리고 그 부자나라에 13개국 연합의 수도가 들어서게 되었고, 그 13개국은 결국 세계를 정복해서 아주 잘 먹고 잘 살았다.

그런데 이 13개의 나라가 실제 존재하던 나라이고 이 동화의 내용이 역사적 사실이라는 놀라운 사실이 밝혀졌다.

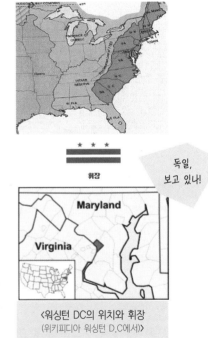

그 13개국의 이름은 바로 뉴햄프셔, 매사추세츠, 로드아일랜드, 코네티컷, 뉴욕, 뉴저지, 펜실베이니아, 델라웨어, 메릴랜드, 버지니아, 노스캐롤라이나, 사우스캐롤라이나, 조지아.(Wikimedia Commons에서)

바로 동화 속에 13개의 나라로 이루어진 나라는 미합중국(United State of America)이고, 당시 제일 부자인 나라는 미국의 수도 워싱턴 DC가 위치한 버지니아 주다.

휘장

독일, 보고 있나!

그 당시 미국은 연방정부의 권한을 강화하고, America bond를 발행하는 데 합의했다. 하지만 EU의 미래가 USA 일지는 좀 더 지켜볼 일이다.

〈워싱턴 DC의 위치와 휘장
(위키피디아 워싱턴 D.C에서)〉

<영국에게 당한 역관광 흔적>

그 당시 대통령 메디슨이 영국군의 공격으로 불에 탄 대통령 관저를 하얗게 칠하기로 해서 지금의 백악관이 되었다.

(위키피디아 백악관 항목에서)

미국은 험난한 독립전쟁 후에도 캐나다를 침공하다 영국에게 역습을 당해 워싱턴이 함락당하기도 했다. 하지만 당시 미국과 달리 EU를 군사적, 경제적으로 위협할 세력은 현재로서는 보이지 않는다. 고로 독일이 주축이 될 가능성이 큰 EU연방정부(?)의 권한을 강화하고 유로본드를 발행하는 문제는 장기적인 문제가 될 가능성이 크다.

3. 이제 다시 시작이다.

하지만 유로존 문제가 진전을 보인 것이 과연 시장 회복의 시작일까? 안타깝게도 이것만으로는 부족하다. 아무리 저평가 되었다고 하지만 ROE와 영업이익률이 낮고 경제적 해자가 취약한 기업에 장기 가치투자를 할 수는 없는 일이다.

주식의 가치를 따질 때 저평가 여부도 중요하다. 하지만 그보다 중요한 것은 실적 개선 여부다. 러시아 전통인형 '마뜨로쉬카'처럼 시장 전체와 개별 종목에 접근하는 원리가 큰 틀에서는 결국 하나가 아닐까 생각한다.

<러시아 전통 인형 마뜨료쉬카>

인형을 열면 그 안에 모양은 똑같지만 크기가 더 작은 인형들이 계속 나온다.(polimet에서)

'미국금융위기 : 대공황 시즌 2'의 연작이라 할 수 있는 '유럽 재정위기 : 나는 악마를 보았다'가 이어지면서 악재가 좀비처럼 살아난다. 하지만 그럼에도 불구하고 시장의 저점이 큰 틀에서 올라갔다는 점을 감안하면 결국 문제는 박스의 상단을 뚫어줄 경기회복세다.

퀴바디스(Quo Vadis)! 주(株)여, 어디로 가시나이까?

2012년 6월 중순 현재 코스피 지수의 Forward PER은 8배 정도에 불과하고, PBR은 1.17배에 불과하다. 금융위기의 가능성을 배제한다면 명백한 저평가 국면이다.

그러나 경기 회복세와 국내 투자자들의 투자심리 개선이 선행되지 않은 현 상황에서 단기간에 시장이 반등할 가능성은 낮으며 결국 '장기적으로 매수, 단기적으로 관망'이 가장 현명한 선택으로 보인다.

🌿 엔터테인먼트 산업과 SM의 미래

:: 서론

엔터테인먼트는 우리가 가장 일반적으로 접할 수 있는 산업이다. 재벌 회장님이든 노숙자든 누구나 소녀시대에 환호할 자유가 있다 따라서 사람들은 텔레비전은 물론이고 인터넷, 광고, 신문, 서적, 잡지 등 다양한 소스에서 엔터테인먼트 콘텐츠에 노출되어 왔다. 이는 엔터테인먼트 산업의 가능성은 무궁무진하고, 인종과 세대와 빈부의 격차를 뛰어넘는 영향력을 발휘한다는 것을 의미한다.

스티브 잡스의 애플은 아이폰 혁명을 일으킴으로써 콘텐츠 프로바이더와 소비자를 동시에 억압해온 통신사의 절대 권력을 무너뜨렸다.
새로운 콘텐츠 유통수단의 등장은 콘텐츠 생산자인 연예기획사의 수익성을 폭발적으로 증가시킬 수 있는 잠재력을 가지고 있으며 엔터테인먼트 산업은 이 후 훌륭한 투자처로 각광 받게 되었다.

따라서 2011년 1월 말 현재 엔터테인먼트 산업에 선주두자인 SM에 대하여 하는 것은 엔터테인먼트 산업 전반에 대해 올바른 투자 결정을 내리는데 도움이 될 것이다.

:: 본론

1. SM : The trend setter

최근 엔터테인먼트계의 대세는 걸 그룹이다. 따라서 걸 그룹 시장의 특성에 대한 논의는 소녀시대, F(x) 등 다양한 걸 그룹을 통해 수익을 창출하는 SM과 엔터테인먼트 산업의 청사진을 제시할 수있을 것이다.

SM은 H.O.T[*]를 통해 아이돌 가수의 시대를 열었다. 이후 SM은 엔터테인먼트계의 흐름이 바뀔 때마다 그 흐름을 이끌거나 거기에 맞는 스타를 배출하며 승승장구해왔다.

1998년의 걸 그룹 전성기는 SM이 HOT의 후속타로 키워낸 S.E.S에서 시작되어 2001년에 마무리 되었다. 그 뒤 2002년 ~ 2003년 여성 솔로가수 시대는 보아를, 2003 ~ 2006년의 남성 아이돌 그룹 시대에는 동방신기와 수퍼주니어를, 2007년 9월 원더걸스의 텔미가 발표되면서 시작된 2차 걸 그룹 시대에는 소녀시대를 내세우면서 SM은 매 순간마다 그 시대를 대표하는 스타들의 요람이 되어왔다.

이는 걸 그룹 시대 이 후 SM이 대중에 기호에 맞는 새로운 트렌드를 창조하거나 이미 나타난 트렌드에 맞는 새로운 엔터테이너를 발굴하여 육성할 수 있는 노하우와 역량이라는 무형의 가치를 보유하고 있음을 의미한다.

---

* 과거 인기를 끌었던 '소방차'나 '아이돌'이라는 그룹으로 활동한 댄스가수 이세성, 최준혁, 혹은 '서태지와 아이들'을 아이돌의 효시로 보는 의견도 존재한다. 여기서 채택한 H.O.T 기원론 역시 그 중 하나다. 하지만 체계적 스타 매니지먼트 시스템의 뒷받침을 받은 아이돌은 H.O.T가 최초여서 이를 채택했다.

2. 아시아의 별

소녀시대*의 일본 앨범 사진을 살펴보면 대체적으로 센터에 유리가, 오른쪽에 에이스인 윤아가 있음을 알 수 있다.

일본 진출을 시작한 2010년 6월 이전에는 윤아가 에이스로서 센터와 공연의 하이라이트에 배치되는 경향이 많았다. 하지만 일본 진출이 선언된 후에는 유리가 중심에 서는 비중이 늘어나게 된다.

SM은 '우리 결혼했어요'에 출현하는 서현을 제외하고 모든 멤버의 국내 방송 출현을 중단시키는 강수를 두면서 일본 진출에 심혈을 기울이고 있었다. 과거 동방신기의 일본 진출 시에도 에이스를 영웅재중으로 교체 투입하여 성공한 경험도 있다.

동방신기가 일본 진출 시 발매한 앨범 재킷 사진들을 보면 대부분의 경우 영웅재중을 중심으로 활동이 이루어졌음을 알 수 있다.

일본에서 소녀시대의 콘셉트는 여성들이 되고 싶은 롤 모델의 역할에 초점을 둔 것으로 보인다. 일본에서 아직 남성 팬보다 여성 팬의 비중이 높은 것도 기존 일본 걸 그룹이 가지지 못했던 소녀시대만의 세련됨을 강조한 SM의 마케팅 전략이 먹혀들어간 것으로 보인다.

이는 SM이 에이스**를 윤아에서 유리로 교체하는 승부수와 함께 일본 진출을 시도한 것을 의미한다. 과거 동방신기에 이어서 소녀시대도 현지 문화를 이해하고 이에 맞는 멤버로 에이스를 교체 투입하는 전략을 또 다시 성공시킨 것은 SM이 단순히 동네 골목대장이 아닌 글로벌 플레이어

---

* 일본에서 소녀시대의 별명을 미각(美脚)이라 한다. 키가 크고 다리가 예쁜 유리를 센터로 보낸 것은 이것을 염두에 둔 점으로 보인다.
** 막 데뷔한 댄스그룹에서 노른자위 자리는 에이스다. 이 콘셉트는 일본의 국민 아이돌이었던 모닝구 무스메의 새로운 멤버 고도 마키를 센터로 보내 성공하면서 정착되었고 한국 걸 그룹에도 영향을 주었다.

로서 훌륭한 해외시장 개척 능력이 있음을 보여주는 사례다.

이는 SM이 현재 보유한 걸 그룹들이 향후 중국이나 다른 지역으로 진출할 때 해당 지역에 가장 어필 할 수 있는 멤버를 올바로 선택할 수 있음을 증명한다. 이는 제2, 제3의 소녀시대의 등장뿐만 아니라 제2, 제3의 해외시장 개척에 성공할 가능성을 의미한다.

거대한 내수 시장을 가진 미국의 경우 한 주에서 성공한 사업 모델을 가진 기업이 미국 내 나머지 50여 개 주에서 같은 모델을 적용하여 성공한다. 결국 규모를 키우고 글로벌 기업으로 성장하는 패턴이 자주 나타난다. 대표적인 경우가 월마트다.

하지만 한국의 경우 좁은 내수시장이라는 한계가 있다. 가수 아이유와 이승기가 한국에서는 성공을 거두었지만 일본에서는 큰 성공을 거두지 못한 반면 한국에서는 허세의 대명사로 불리는 배우 장근석이 일본에서는 큰 인기를 끄는 것이 현실이다. 굳이 원더걸스의 사례를 들지 않는다 해도 한국에서 아무리 성공한 스타라고 해도 현지인의 기호를 파악하지 못한다면 해외 진출에 실패할 수 있음은 너무나 자명한 사실이다. 즉, 현지인의 기호를 파악하는 능력은 한류 열풍의 시대에 기획사가 갖추어야 할 필수 역량이다.

댄스 그룹의 모든 콘셉트는 에이스에게 맞추어진다. 에이스는 공연할 때 노래의 하이라이트 부분에서 무대 중앙으로 나서거나 공연 과정에서 중앙에 서 있는 비중이 높다. 기획사의 마케팅 전략도 센터를 중심으로 짜인다. 사진을 찍어도 중앙에 서는 경우가 많지만 사진의 콘셉트에 따라서는 달라지기도 한다.

3. 수익성 중심 경영

SM은 해외 진출 시 수익성을 중시한다. 해외 순회 공연도 콘셉트를 구매할 의사가 이미 있는 한인 타운이나 아시아계가 밀집한 지역을 중심으로 이루어진다. 기획사가 기업으로서 수익성을 추구한다는 기본에 충실한 모습이고 이러한 기업은 경영진을 믿고 투자할 가치가 있다.

하지만 경쟁사인 JYP는 그와 다른 길을 걸었다. 2007년 텔미와 함께 걸그룹 시대를 연 원더걸스가 대표적이다. 그럼에도 역량이 뛰어나지만 수익성에 대한 개념이 부족한 기획사의 실책으로 그 전성기는 너무 짧았다. 미국 진출이라는 뜻은 좋았지만 수익성의 측면에서 보면 모험이었다. 사실 잘 되면 스티브 잡스의 화신 되는 거고, 못 되면 박진영처럼 되는 것이긴 하지만 투자자의 입장에서 보면 너무 모험적인 사업을 벌여 기업의 가치를 손상시킨 셈이다.

무리한 미국 진출로 선미의 탈퇴가 나타나면서 원더걸스가 국내에서 재기할 수 있는 발판도 사라졌다. 원더걸스의 소희와 이미지가 겹치는 미스에이의 수지가 등장함으로써 원더걸스는 이러지도 저러지도 못하는 상황에 빠졌다.

선택하지 않은 길은 그 끝을 알 수 없는 것이 세상이다. 하지만 만약 원더걸스가 소녀시대와 같이 미국이 아니라 일본에 진출했다는 어땠을까 하는 생각이 든다.

박진영은 가수나 프로듀서로서 역량은 뛰어나다. 하지만 경영자로서 역량은 상대적으로 조금 부족한 듯싶다. 만약 경영에 대해 누군가 보완해 준다면 JYP의 기업 가치는 더 올라갈 수도 있을 것이다.

2012년 11월 JYP가 제이튠 엔터테인먼트 인수를 통한 우회상장을 시도

하려 했던 것도 재무제표가 상장 심사를 깔끔하게 통과할 수 없기 때문은 아닐까 하는 생각도 든다.

4. After the girl's generation

새로운 트렌드를 이끌어갈 능력도 있고 해외시장 개척 능력도 있다. 거기에 오너가 수익성 중심 경영이라는 기본에 충실하니 기업의 가치도 올라갈 것으로 기대 된다. 하지만….

걸 그룹 시대의 아이콘으로 소녀시대를 꼽는 데 이견을 제기하는 사람은 거의 없을 것이다. 이는 달샤벳 등 최근 새로 나온 걸 그룹들이 '제2의 소녀시대'라는 언론플레이를 하면서 활동하는 것으로 이미 증명된다. 해당 걸 그룹의 팬들에게는 거북할지 모르겠다. 하지만 신인 걸 그룹이 '제2의 포미닛'이나 '제2의 카라'를 외치면서 데뷔하는 경우는 보지 못했다.

따라서 이러한 걸 그룹 시장에 주도주가 소녀시대임은 이미 공인됐다. 걸 그룹 열풍이 이어지는 한 SM의 미래는 밝다고 할 수 있다. 소녀시대에 비견될 만한 인기를 누리는 카라가 소속사 DSP 사이의 갈등과 이미지 손상으로 소녀시대 걸 그룹 시장의 주도권이 더 공고해질 것이라는 목소리도 있다.

하지만 걸 그룹 시장 자체의 미래는 어떨까?
앞서 설명한 바 있는 엔터 산업의 트렌드를 알아보자. H.O.T 이후 엔터테인먼트 시장의 트렌드 흐름은 다음과 같다.

1996년 H.O.T의 1집 '전사의 후예' 발표는 보이그룹 시대이자 아이돌 시대의 신호탄이었다. 그 후 1998년 S.E.S의 전성기가 열리면서 1차 걸 그룹의 시대가 열렸다. 이 후 2002년 ~ 2003년 여성 솔로가수 시대, 2003 ~ 2006년 남성 아이돌 그룹 시대를 거쳐 2007년 9월 원더걸스의 텔미가 발표되면서 시작된 2차 걸 그룹 시대가 2011년 11월 현재까지 이어지고 있다. 결국 2012년 이 후 걸그룹 이 후의 트렌드에 대응하는 기획사와 그렇지 못한 기획사의 명암이 크게 엇갈릴 것이다.

과거의 트렌드를 보면 하나의 트렌드가 길어야 4년을 넘기는 경우는 없었다. 2007년 9월 텔미에서 시작된 걸 그룹의 시대는 2011년 4년째를 맞이한다. 기술적 분석에서 말하는 엘리엇 파동이론 식으로 말하면 마지막 파동인 상승5파에 해당한다. 여기서 5년 이상 걸 그룹의 시대가 이어지기에는 걸 그룹 시장의 과열 양상이 너무 심하다.

걸 그룹 시장이 과열 단계에 도달한 이유는 3가지로 들 수 있다.

첫째, 시장 플레이어의 수가 너무 많다.
1세대 걸 그룹 시대에 S.E.S, 핑클, 베이비복스의 삼강 구도에서의 경쟁 강도는 지금 2세대 걸 그룹 시대와 비교했을 때 무릉도원이나 다름없다. 현재 메이저급을 꼽자면 소녀시대, 카라, 브아걸, 2NE1, 미스에이, 티아라 정도로 메이저급만 봐도 삼강구도가 아니라 완전 춘추전국시대에 가깝다. 1세대와 다르게 시크릿, 레인보우, 시스타 등으로 구성된 2부 리그가 아주 활성화되어 있는 것이 걸 그룹 시대의 특징이다.

이는 걸 그룹 시장뿐만 아니라 한류열풍으로 엔터테인먼트 시장 자체가 커지면서 파이가 커졌기 때문으로 보인다. 이러한 걸 그룹의 범람은 걸 그룹의 생존에 바탕이 되는 팬덤을 형성할 자원을 고갈시킨다. 뿐만 아니라 걸 그룹에 대한 대중의 피로를 증가시키는 요인이 될 것이다. 걸 그룹 시대가 머잖아 끝날 가능성이 크다는 것을 의미한다.

둘째, 무리한 시장 진입이 일어나고 있다.

최근 데뷔한 걸 그룹 달샤벳의 경우를 보면 알 수 있다.

동화작가 백희나 씨가 지은 '달 샤베트'라는 이름의 동화가 이미 존재했다. 이 제목을 본 기획사 해피페이스 엔터네인먼트는 백 씨에게 '달 샤베트'를 걸 그룹 이름으로 사용하게 해달라고 했으나 작가는 이를 거절했다.

하지만 기획사는 백 씨의 거절에도 불구하고 '달 샤벳'이라는 이름으로 걸 그룹을 만들어 데뷔시켰다. 믿을 수 없는 일이지만 현행 저작권법상의 허점을 파고든 것이어서 법적으로 규제할 수 없다고 한다. 해피페이스 엔터네인먼트 행태는 누리꾼들의 공분을 사고 있으며 그룹 달샤벳은 자신들을 옹호할 팬덤도 부족한 상황에서 막대한 수의 안티 팬들에 표적이 되어버렸다.

이러한 무리수가 걸 그룹 시장에서 나타나는 것은 시장 참여자들의 심리가 과열되었음을 의미한다. 마치 장기간 증시가 상승하면 주식시장에 무리하게 투자하는 사람들이 늘어나고 이로 인해 거품이 붕괴하는 것과 마찬가지다.

셋째, 남성 아이돌 그룹의 부진이다.

2010년 수퍼주니어, 엠블랙, 2pm, 비스트 등 남성 아이돌 그룹의 성적은 걸그룹에 비하여 저조했다.

걸 그룹과 동시대에 활동하는 남성 아이돌 그룹의 부진은 걸 그룹의 이미지를 소모시키는 원인이 되고 있다. 이는 과거 한나라당(현 새누리당)의 당

대표를 역임하신 보온병 안상수 선생의 말씀을 들어보면 팍 필이 온다. (걸그룹 티아라에게) "얘들 유명한 애들이냐? 성형을 똑같이 해서 누가 누군지 모르겠다. 요즘은 룸에 가면 자연산을 찾는다고 한다. -YTN 뉴스에서"

안상수 선생은 거침없는 언사로 걸 그룹에 식상한 수많은 시청자들의 의견을 전달하셨다. 정말 오죽 TV에서 걸 그룹을 보기가 지겨웠으면 그랬을까? 기획사의 장학생인 야당과 좌파 세력의 탄압에 굴하지 않는 민의의 대변자 안상수 선생께 경의를 표한다.

5. Zeigeist(시대정신)의 변화. 그러나 SM은?

2011년 1월 현재 우리는 걸 그룹 시대의 종말 여부를 논해왔다. 하지만 어쩌면 후세에 누군가는 지금 이미 여성 솔로 가수 시대가 2011년부터 시작되었다고 말할지도 모른다.

2007년 9월에서 2011년 1월 현재까지 4년간 이어져 온 걸그룹 시대에 대한 대중들은 슬슬 염증을 느끼기 시작하고 있다. 게다가 H.O.T 이후 이어져 온 아이돌 시대에 대한 대중의 피로도 역시 올라가고 있다. 이러한 시대상을 볼 때 최근 로엔 엔터테인먼트에서 데뷔시킨 IU(아이유)의 부상은 우연한 일이 아니다.

아이유를 자동차에 비교하면 '하이브리드 카'다. 마치 석유 자동차에서 전기 자동차로 넘어가는 중간 과정인 하이브리드 카가 존재하듯이 아이유는 걸 그룹들이 내세운 순수한 소녀 이미지와 걸 그룹 이후 솔로가수의 등장이라는 흐름을 모두 반영하고 있다.

일각에서는 3단 고음으로 대변되는 아이유의 뛰어난 가창력과 이문세 등 과거에 유명했던 가수들의 명곡을 편곡 연주하며 부르는 능력을 이유로 들면서 약 20년간 이어져 온 아이돌의 시대가 끝나고 정통 아티스트의 시대가 열리는 신호탄이라는 의견도 있다.

위대한 탄생, 남자의 자격 합창단의 박칼린 열풍, 슈퍼스타 K 스타인 허각, 존박 등의 열풍을 보면 대중들은 20년간 이어져 온 아이돌 시대에 염증을 느끼고 정통 아티스트의 출현을 열망하고 있음을 알 수 있다.

이는 분명 20년간 아이돌 계를 주름잡아온 SM에게는 위기가 될 가능성이 있다. 소녀시대 이후를 대비하는 솔로여가수 양성에 어떤 노력을 기울이고 있는지, 만에 하나 발생할 아이돌 시대의 종말* 이후 정통 아티스트의 시대에 대응하기 위한 준비를 하고 있는지는 현재로서는 알 수 없다.

---

* 개인적으로 아이돌 시대 종말론이 메가트렌드라 해도 투자의사 결정에 반영하기에는 너무 장기적 관점이 아닐까 한다. 2011년 1월 현재 확실한 것은 팩트는 걸 그룹 시대의 종말 정도로 보인다. 이것이 아이돌 시대의 종말로 이어질지는 좀 더 지켜볼 문제다.

결론

SM은 아이돌 시대를 개막하고 그 변화의 흐름을 주도해온 경쟁력 있는 회사다. 엔터테인먼트 산업에서 스타를 만드는 노하우는 누구보다 뛰어나다고 할 수 있다. 수익성 위주의 경영으로 기업의 가치도 향상될 것이다. 또한 스마트폰 시대의 개막으로 콘텐츠 공급자에게 수익이 돌아가는 시대가 열리면서 날개를 달게 되었다. 그 동안의 성공에 힘입어 자금력으로 아이돌 시대가 끝난 후 새로운 시대에 대응할 실탄도 충분하다.

마치 삼성이 바이오 시밀러(복제 약품)에 대해 아무 노하우도 기반도 없지만, 막강한 자금력으로 다른 바이오 기업들의 인재를 스카우트하거나 인수합병을 하여 진출할 수 있는 것과 마찬가지다.

하지만 현재 걸 그룹 시대의 주역인 소녀시대 이후에 대한 준비가 가시화되지 않았다. 이 상황에서 새 시대 개막 쇼의 주인공을 로엔 엔터테인먼트에 아이유에게 빼앗기는 것으로 보아서 새로운 트렌드에 대응하기보다 기존의 성공에 안주하고 있는 것은 아닌지 하는 생각이 든다.

이러한 가정이 사실이라면 걸 그룹 이후 솔로가수의 시대가 열릴 때, 혹은 아이돌 시대가 끝나고 정통 아티스트 시대가 올 때, 적절히 대응하지 못할 경우 SM에게 치명타가 될 수 있다.

☙ After the Girl's generation

SM 주가 하락의 원인. 그리고 새로운 시대의 개막

주식갤러리에도 올린 건데 저게 딱 10억을 찍는 날이 오겠지?? 그 때 정리하고 싶어

부직포 공장에서 2년 6개월 간 일하는 동안 모은 돈으로 산거거든. 가격 3자리 수 되면 사려고 마음먹었지.

지금도 생활비 항상 계산해서 아끼면서 생활하고 있어. 저거 팔기 전까진 내 돈이 아니잖아.

〈소녀시대만 믿고 3년간 투자했더니…
수익률 2700%〉

떨어질 수도 있고 오를 수도 있지만 더 오를 꺼라 믿는다. ㅎㅎ

매도유혹 올 때마다 버티고, 버티고, 버티는 게 제일 힘든 것 같다.

나와의 싸움…. - 디씨 인사이드 태연 갤러리

1. 달도 차면 기운다

90년대 H.O.T에서 소녀시대에 이르기까지 약 20년간 이어져 왔던 아이돌 시대. 그리고 그 시대의 패자로 군림하던 SM.

하지만 달도 차면 기운다고 했던가….

2012년 11월 현재 에스엠은 기관투자자들의 매도공세로 인해 극적인 주

가 하락세를 연출하고 있다.

과연 SM의 폭락을 통해서 우리가 얻을 수 있는 것은 과연 무엇일까? 먼저 아이돌 시대가 개막된 후 엔터 산업의 트렌드를 알아보도록 하자.

H.O.T가 1996년 1집을 발표하면서 개막된 보이그룹 시대

1998년에서 S.E.S의 전성기와 함께 시작되어

2001년에 쇠퇴기 달한 1차 걸 그룹의 시대

2002년-2003년에 여성 솔로가수 시대

2003-2006년의 남성 아이돌 그룹 시대

2007년 9월 원더걸스의 텔미가 발표되면서 시작된 2차 걸그룹 시대(현재)

과거의 트랜드를 보면 하나의 트랜드가 길어야 4년을 넘기는 경우는 없었음을 알 수 있다. 그리고 SM은 아이돌 시대의 선구자 답게 이 모든 트렌드를 이끌어 나가는 스타들을 끊임없이 만들어 냈고 성공시켜왔다.

하지만 2007년 9월 텔미에서 시작된 걸그룹의 시대가 벌써 5년째를 맞이하고 있음에도 불구하고, SM은 소녀시대의 뒤를 이을 마땅한 스타를 만들어내지 못하고 있다.

SM의 하락은 기존 트렌드가 끝나감에도 불구하고 소녀시대 이 후 새로운 히트상품을 만들어내지 못하고 있다는 근본적인 문제에서 시작된다. 따라서 이러한 새로운 트렌드에 맞는 스타를 발굴해서 육성해낼 수 있는 명확한 시그널을 보여주지 못한다면 SM의 조정은 길어질 가능성이 크다.

2. What is the next?

지금의 트랜드가 단순히 걸그룹 시대의 종언이라면 아이돌 시대의 패자인 SM은 어떻게든 재기할 수 있을 것이다. 하지만 만일 이것이 아이돌 시대 자체에 종언을 의미한다면 어떨까? 과연 SM은 새로운 시대의 변화에 적응해서 살아남을 수 있을까?

아이돌 시대의 종말의 징후는 그 이전에 많이 나타났다.

아이유의 등장, 위대한 탄생, 남자의 자격 합창단의 박칼린 열풍, 슈퍼스타 K 스타인 허각, 존박 등의 열풍…. 이미 대중들이 20년간 이어져 온 아이돌 시대에 염증을 느끼고 정통 아티스트의 출현을 열망해왔다.

사실 이전 챕터인 '엔터테인먼트 산업과 SM에 대한 소고(2011년 1월 28일 작성)'에서 아이돌 시대의 종말이 비록 메가트랜드라고 해도 당장 투자에 적용할 아이디어는 아니라고 생각했다. 하지만 최근 음원차트에서 미스에이 정도를 제외하고 아이돌 그룹의 부진이 눈에 띄게 드러나고 있다는 점을 감안하면 그 때가 예상보다 빨리 다가온 것 같다.

만일 아이돌 시대가 끝날 경우 기존에 활동하던 아이돌들을 활용할 수 있는 것은 연예인으로서 수명이 긴 연기 쪽일 것이다. 하지만 SM 출신 아이돌 혹은 연기자들의 연기력이 대체적으로 좋지 못했다는 점을 감안한다면 SM의 아이돌들이 SM에 장기적인 수익을 창출할 수 있는 가능성은 낮다고 볼 수 있다.

새로운 연습생에게 투자되는 비용은 거의 고정적인데 비해서 아이돌들이 벌어들이는 수입은 갈수록 줄어들게 된다. SM이 아이돌들의 연기력 향상을 위한 특단의 조치를 취하지 않는다면 이 아이돌들은 결국 SM의

악성 재고가 될 가능성이 크다.

사랑비에서 윤아, 패션왕에서 유리가 연기자로 성공할 가능성을 보였다는 것 정도로는 부족하다. 시간은 항상 강한 자의 편이라고 했다. 그러나 안타깝게도 흘러가는 시간은 지금 SM의 편이 아니다.

고정비는 그대로인데, 시장의 흐름을 따라가지 못해 영업이익은 줄고, 재고는 계속 쌓이는 기업의 미래. 과연 밝다고 할 수 있을까?

아이돌 시대의 종말과 걸그룹 시대의 종말이라는 두 가지 메가트렌드가 동시에 끝나는 것은 SM의 미래에 상당한 충격파가 될 수 있다고 본다. 2008년 미국금융위기 때와 같이 키친 싸이클(3, 4년), 쥬글라 싸이클(8~10년), 콘트라디에프 싸이클(40~60년)이 특정 시점에 일제히 하락할 경우 대공황이나 금융위기가 발생하는 것을 연상하면 이해가 빠를 것이다.(2008년 서브프라임 모기지 사태)

이미 경쟁사인 YG 엔터테인먼트에게 선수를 빼앗긴 현 상황에서 SM이 할 수 있는 최선은 연기자로 가능성을 보이는 아이돌들의 전업을 성공적으로 이루어내서 당장의 현금흐름을 창출하는 동시에, 이를 바탕으로 새로운 트랜드에 맞는 스타를 발굴하고 육성해서 반격의 기회를 노리는 것이다.

3. 그렇다면 어떻게?

그렇다면 이러한 시점에 엔터주 투자자들은 어떤 선택을 해야 할까?

SM은 아이돌 시대의 개막을 알린 시대의 선구자였다. 또한 그 동안의 성공을 통해서 충분한 현금을 쌓아왔기에 이를 잘 활용한다면 다시 새로운 트랜드에 적응할 수 있을 것이다. 하지만 그 과정은 과거 SM의 영광의 기억에서 벗어나는 것이므로 상당히 험난할 것이다. 그러므로 SM을 매수하려는 투자자들은 이러한 SM이 이러한 변화에 성공적으로 적응하는지 여부를 확인하며 심사숙고해서 투자해야 한다.

하지만 YG 엔터테인먼트는 다르다. 이미 새로운 트랜드를 간파하고 이에 적응하기 시작한 것이다.

YG 엔터테인먼트는 싸이의 강남 스타일의 성공은 물론이고, 아이돌의 댄스곡 일색인 현 상황에서 레트로 소울이란 신선한 장르로 무장한 이하이를 데뷔시켜서 성공을 거두었다.

일반적으로 프리랜서 작곡가에게 곡을 의뢰하는 다른 기획사와는 달리, YG 엔터네인먼트는 작곡가는 물론이고, 뮤직비디오 편집자, 식당 아주머니에 이르기까지 스타를 키워내는 과정에 있는 모든 사람들을 전속으로 고용함으로서 체계적인 스타 양성 시스템을 갖추었을 뿐만 아니라 업계의 트랜드를 읽고 이를 이용해서 성공을 거둘 줄 아는 역량까지 갖추고 있다.

비용절감이라는 명목으로 정규직을 해고하고 비정규직이니 아웃소싱이니 하는 편법으로 인건비나 따먹으려는 좀비 기업이 1등 제품을 만드는 일은 과거에도 없었고, 앞으로도 없을 것이다.

SM의 소녀시대가 기존의 이미지에서 탈피하여 블랙소시와 같은 색다른 컨셉을 내놓았을 때 시장의 반응은 그리 좋지 않았다. 하지만 YG 엔터테인먼트의 빅뱅은 2011년도와 2012년도의 컨셉의 변화가 컸음에도 불구하고, 대중적 관심을 모으며 크게 성공했다. 그리고 또다른 다크호스. 바로 대형 음원 사이트 멜론을 운영하는 로엔 엔터테인먼트.

최근 아이유 사건으로 인해서 일각에서 우려의 목소리도 들려오지만 로엔의 매출에서 매니지먼트 사업이 차지하는 비중은 낮다. 그리고 아이유는 다른 아이돌들과 달리 아티스트로 성장할 수 있는 충분한 잠재력을 가지고 있기 때문에 이번 기회에 아이돌 이미지를 완전 탈피하여 아티스트의 길로 들어선다면 전화위복이 될 수도 있는 가능성이 있다고 본다. 아이돌 음악이든, 아티스트 음악이든 최대 음원 사이트인 멜론의 유통망을 벗어나기는 쉽지 않다. 따라서 로엔은 불확실에 지친 엔터주 투자자들이 쉬어갈 수 있는 훌륭한 안식처가 될 것이다.

결론

"It is Not The Strongest Of Species That Survive, Nor The Most Intelligent, But The Ones Most Responsive To Change". -Charles Robert Darwin

살아 남는 종(種)은 가장 강한 종이나 가장 똑똑한 종이 아니라, '변화에 적응하는 종'이다 -찰스 다윈

시스템화 되어있는 두 대형 기획사를 중심으로 시장이 재편되는 것은 시대의 흐름이다.

하지만 현재의 트렌드는 SM보다 YG 엔터테인먼트에 더 유리하고 돌아가고 있으며, 현 시점에 투자한다면 이미 새로운 트렌드에 적절하게 대응하고 있는 YG 엔터테인먼트가 더 바람직하다고 본다.

하지만 SM이 새로운 시대에 적응할 수 있을지 여부는 여전히 중요한 관전 포인트가 될 것이다. 과연 아이돌 시대의 선두주자 SM은 새 시대에도 저력을 발휘할 수 있을까?

🎋 응답하라 1989 대한민국 From China(2012년 10월 27일)

1997년은 많은 투자자들에게 IMF 구제금융을 받은 날로 기억되고 있다. 하지만 누군가에게는 당시 H.O.T와 쌍벽을 이루던 아이돌 그룹 젝스키스가 해체한 날로 기억될 것이다.

누구에게는 IMF 구제금융을 받은 해가 또 다른 사람들에게는 아이돌 그룹 젝스키스가 해체된 해로 기억되듯이 사람들은 각자의 기억 속에서 각자의 삶을 살아간다. 그러한 사람들로 이루어진 모든 나라들은 각자 자기만의 역사를 만들어나간다.

하지만 정말 그럴까? 정말 우리들, 여러 나라들은 각자의 기억 속에 각자의 역사를 만들어 가고 있는 것일까?
나는 생각한다. 어쩌면 우리의 착각일지도 모른다고….

〈상해종합지수〉

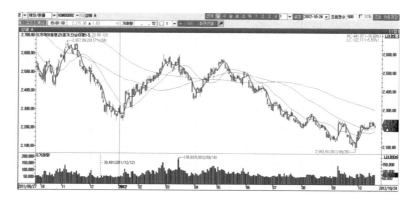

<홍콩 H지수>

지금 이 순간 상해종합지수와 홍콩 H지수 차트로 향하고 있는 나의 눈길은 소리 없이 외치고 있다,

'응답하라 1989 대한민국'

1. 1989년은 어떤 해였을까

노태우 대통령 당선, 김현희에 KAL기 폭파 사건, 베를린 장벽의 붕괴, 중국 천안문 사태 등 참으로 많은 사건이 일어난 해였다.

어린이들에게는 원더키디와 수퍼그랑죠가, 어른들에게는 이문세, 이선희, 김완선이 삶의 낙이었다.

그 당시 코스피 지수는 사상 최초로 1000 포인트를 찍었다. 애널리스트들은 이구동성으로 코스피 2000은 '금방' 도달한다고 외쳤다.

※ '금방'이라 쓰고 '1989년 신입사원이 증권업계를 뜰 때 쯤'이라고 읽는다.

증권사에 오래 전 근무하시던 분들 말씀으로는 투자자들에게 전표를 접수해 주는 시장부 직원 아가씨들이 부수입을 많이 올려서 시집도 잘 갔던 시절이라고 하시더라. 서당 개 3년이면 풍월을 읊는다고 했다. 움직일 것 같은 종목 전표를 미리 써 놓았다가 오르면 뒤늦게 주문 내는 투자자들에 앞서 자기 전표를 먼저 접수했으니 80년대 판 스캘퍼였다나….

2. 황제들의 대관식

일부 전문가들이 정치적 요소를 배재하고 경제 지표를 중심으로 중국을 읽으려고 한다. 하지만 그것은 지나치게 단편적인 접근이다.

일반적인 자본주의 국가들과 달리 중국 중앙은행장은 공산당이 임명하는 공무원에 불과하다. 중국은 공개시장조작을 통한 기준금리 조정보다 은행의 영업활동에 지장을 줌에도 불구하고 공산당의 명령에 따른 지급준비율 변화를 통해 경기를 조정한다.

60, 70년대 한국이나 다름없는 독재에 관치 경제 시스템을 유지하는 중국을 경제지표를 중심으로 판단하는 것은 엄청난 오판을 부를 위험이 있다. 실제로 몇 년 전 서방의 전문가들이 중국 붕괴론을 주장했지만 붕괴한 것은 그 동네의 공동 통화와 부동산 거품뿐이었다. 결론적으로 말하자. 중국을 이해하지 못하는 장님들이 또 다른 장님들을 인도하는 꼴이었다.

〈중국 공산당의 권력구조〉

중국은 공산당 1당 독재 국가다. 하지만 7인의 상무위원이 협의해 나라를 이끌어 나가는 시스템을 가지고 있다. 따라서 이 7명의 상무위원의 성향과 계파를 읽는 것은 국가 주도 경제성장을 해나가는 중국 사회를 읽는 데 아주 중요하다.

중국 공산당 내 주요 계파들을 살펴보면 다음과 같다.

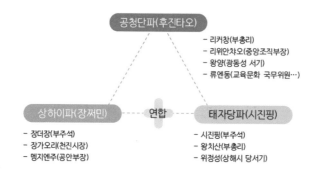

먼저 북경파(공청단). 공산당원이 되기 전 예비 단계인 공청단원 출신들로 이루어져 있다. 대부분 서민 출신이다. 실력으로 올라온 사람들로 개천에서 난 용들이라고 보면 된다. 칭화대, 베이징대 출신이 다수다.

다음 상해파. 장쩌민 전 주석 라인으로 북경파와 함께 최대 계파로 군림하고 있다. 한국의 김대중 전 대통령의 동교동계나 김영삼 전 대통령의 상도동계 정도 될까?

마지막 파벌은 태자당이다. 마오쩌뚱, 덩샤오핑과 함께 중국 공산혁명에 참가했던 공신들의 자제들로서 한국에 박근혜, 남경필, 정몽준처럼 아버지의 정치적, 경제적 기반을 가지고 정치하는 사람들을 생각하면 된다.

다음 중국을 이끌어 나갈 태자당 출신 시진핑은 상하이, 푸젠, 저장성과 같은 부유한 지역에서 경력을 쌓았고, 상해파의 지지를 받고 있다. 스펙으로 보면 취임하자마자 성장 드라이브를 걸고, 상하이를 국제금융 중심지로 육성할 기세다.

〈중국 적격 외국인 투자한도 확대〉

자료 : CEIC, 토러스투자증권 리서치센터

실제로 중국 정부는 2012년 초 회사채 발행과 주식 IPO 활성화, 금리 자유화(중소기업 금융을 제도권으로 끌어들임), 위안화 태환(변동관리제 환율 시스템으로 점진적 변화)를 골자로 하는 자본시장 자유화 정책을 발표했다. 동시에 QFII(적격 외국인 기관 투자자)의 투자한도를 더욱 확대해 나갔다.

하지만 북경파 출신 유력 2인자 리커창의 미친 존재감으로 인해 상해파와 협력이 없이 독자적으로 움직이지 못하는 시진핑의 현 상황과 중국 내 분배 정책을 요구하는 목소리가 높아짐에 따라 '시진핑 스타일'이 시장에 즉각적으로 영향을 줄 가능성은 낮다.

중국은 정권 말기에 경기 부양책을 쓰지 않음으로써 후임자가 활약할 기회를 주고, 새로운 지도부가 들어서면 적극적인 경기 부양책을 사용하는 정치적 경기 사이클을 가지고 있다. 따라서 새로운 지도부의 경기 부양책을 기대할 만한 상황이다.

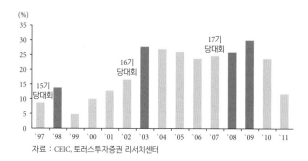

〈중국, 당대회 이듬해 고정자산투자증가율 급등〉

자료 : CEIC, 토러스투자증권 리서치센터

과거 투자를 중심으로 고도성장을 하던 시기에는 이러한 흐름이 고정자
산 투자 증가율을 통해 나타났다. 하지만 다음 지도부도 과거와 같이
투자 중심의 성장 전략을 사용할 수 있을까?

〈중국의 도시와 농촌의 소득격차〉

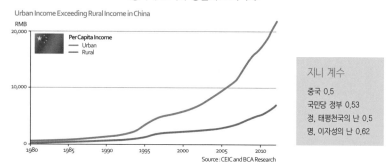

고도성장의 그늘 속에 중국의 빈부 격차는 왕조 말기에나 볼 수 있을 정
도로 심각한 상황이다. 고도성장 속에서 극심해지는 사회 혼란. 중국은
과연 어떤 선택을 해야 할까?

3. '응답하라 2012년 중화인민공화국'

〈중국의 소비사이클의 주된 벤치마크 대상은 1989년 이후의 한국〉

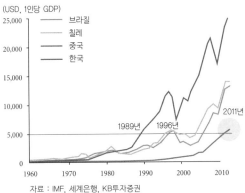

자료 : IMF, 세계은행, KB투자증권

2000년대 후진타오 주석이 이끄는 중국은 저가 공산품을 전 세계에 공급하면서 세계에 공장이라 불리게 되었다. 그리고 마침내 2011년 중국의 1인당 GDP는 5000달러를 돌파하게 된다.

〈중국의 국방비와 공공안전유지비용 비교〉

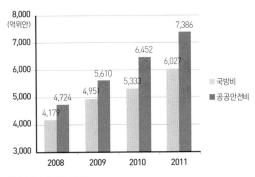

자료 : 중국 재정부, wind

하지만 중국의 빈부 격차는 그 모든 성과를 무너뜨리기에 충분한 수준이다. 한국이 사돈 남 말 할 처지는 아니지만 외세로부터 나라를 지키는 비용보다 지배층이 자기 나라 국민을 때려잡는 비용이 더 큰 게 어찌 나라라고 할 수 있을까? 그러나 중국은 지금 외치고 있다.

'응답하라 1989 대한민국'

<중국의 내구재, 생필품, 교육/교양/오락, 교통/통신 소비 증가할 전망>

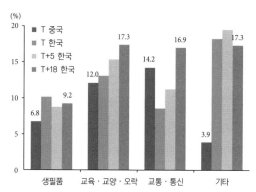

자료 : 중국 국가통계국, 한국 통계청, KB투자증권
주 : T시기는 1인당 국민생상 USD 5,000 상회 시점
(한국 1989년, 중국 2011년)

바로 1989년 대한민국은 위대한 국민의 손으로 대통령 직선제를 쟁취한 '6월 민주화 항쟁'의 함성과 함께 1인당 GDP 5000달러를 돌파했다. 그리고 본격적인 소비 증가 사이클에 진입하게 된다.

압구정동 오렌지족, 야타족, X세대…. 이 모든 단어들이 풍요로운 소비문화를 즐기던 대한민국 역사의 한 페이지를 장식했던 순간을 우리는 잊지 않고 있다.

재벌에 탐욕과 신자유주의에 광기가 엄습하기 전, 그 때 그 시절 우리는 무엇을 소비하며 살았을까?

이미 80년대에 마이카 시대의 도래로 집보다 차를 먼저 사는 사람들이 생겨났다. 아직 부동산 시장의 대세 상승이 끝나지 않은 시대였음을 감안하면 정말 놀라운 일이다.

그리고 이어지는 90년대. 삐삐의 등장과 함께 시작된 무선 통신 시대의 개막과 사교육의 대중화, 최초의 기획사 SM이 만들어낸 최초의 아이돌 가수 H.O.T의 등장, 고속철의 도입으로 인한 전국의 일일 생활권화….
2011년 한국에는 차화정 열풍이 불었다. 여기에 자동차를 구입할 때 보조금을 지급하는 중국 정부의 '자동차 하향'이 큰 역할을 했음은 물론이다. 그렇다면 그 다음은 무엇일까?
아름다웠던 한 시대를 살아온 과거 당신의 모습. 바로 당신이 걸어온 그 길이 그 어떤 전문가보다 훌륭한 금융 투자의 '답정너*'는 아닐까?

"답은 정해져 있고 너는 투자만 하면 되."

A : 오늘 회장님과의 사내 간담회는 신사업인 안드로메다 미역 양식장 건설이 주제예요.

B : 그 사업 회장님이 직접 챙기는 거 아시죠?
누가 의견을 묻건 '답정너'를 잊지 마세요.

---

* 답정너 : 본인이 듣고 싶은 말을 마음에 정한 채 상대방에게 의견을 구하는 사람, 혹은 그런 말을 뜻한다.
'답은 정해져 있고 너는 대답만 하면 돼'의 줄임말이다

4. 같은 옷, 다른 느낌

2012 년 4월 현재 외국인의 유입이 자유로운 홍콩 증시에서 외국인 주도의 상승세가 나타나고 있다. 하지만 외국인의 투자가 제한되어 있는 중국 본토 증시의 상승세는 이에 비하여 미약한 것이 현실이다. 중국의 우량주 중 상당수는 상해 본토 증시의 A주와 홍콩 증시의 H주로 동시에 상장되어 있다. 시장이 효율적이라면 일종의 차익 거래가 가능한 상황이다.

쉽게 말해 '같은 주식, 다른 주가'. 시장이 효율적이라면 일종의 차익 거래가 가능한 상황이다.

이는 중국 국내의 수급이 개선되지 않는다면 상해 증시와 홍콩 증시에 동시 상장된 주식의 주가가 이질적으로 움직일 가능성이 크다는 것을 의미한다. 고로 본토 증시에 투자하는 투자자들은 홍콩 증시가 견조하게 상승하는지 여부를 주시하면서, 중국 정부의 경기 부양책 발표에 보다 민감해질 필요가 있다.

5. 새 술은 새 부대에

2012년 이후 중국은 분명 과거와 달라질 것이다. 하지만 얼마나 많은 전문가들이 이러한 변화에 적절하게 대처하고 있을지는 실로 의심스럽다. 실제로 본 자료를 작성하면서, 여러 리서치 하우스의 리포트들을 접하게 되었다. 하지만 중국이 성장 동력이 변화했음을 간과하고 있는 리포트들이 생각보다 많음을 발견했다.

이는 시대의 변화가 명확한 시점에 이 변화를 반영하는 펀드와 그렇지 못한 펀드의 수익률 차이가 분명해질 가능성이 크다는 것을 의미한다. 과연 얼마나 많은 중국펀드들이 투자자들에 기대를 충족시켜줄 수 있을까?

제국의 역습 – SBI모기지(2012년 7월 1일)

1. 제국의 역습

한반도의 지배층들 중 친일 문제에서 자유로운 사람은 드물다. 친일 성향의 세력들에 의해 만들어진 대한민국의 토대는 지금도 공고하게 유지되고 있으며 한국의 사회 트렌드는 10~15년의 터울을 두고 일본에 후행해 왔다. 이러한 사회 트렌드를 미리 간파하고 비즈니스에 이용한 사람들은 지배층의 반열에 오르게 되었음은 여러 차례 언급한 바 있다.

주머니에 만 원 짜리가 스스로 천 원 짜리 인 척할 수 없듯이 사람의 입은 거짓말을 할 수 있지만 돈은 거짓말을 하지 않는다. 돈은 말보다 빠르고, 말은 신뢰하는 것이 아니라 극복해야 하는 것이다.

2. 어둠 속으로 빠져드는 주택시장

한국은 양극화, 재벌로의 경제력 집중, 복지 시스템 미비로 양극화와 출산율 하락이 이어지고 있다. 일본이 걸어온 길을 답습하고 있는 것이다. 이에 따라 주택 시장의 미래는 그야말로 암울 그 자체다.

주택시장 부양을 위해 가장 중요한 핵심은 주택 매수자라고 할 수 있는 중산층과 서민층은 물론 젊은 사람들이 경제력을 갖추고 결혼할 수 있도록 복지정책을 실시하는 것이다. 하지만 주택 매수자들의 돈을 빼앗아 재벌에게 퍼주면서 주택 시장이 침체에 빠지고 있는 게 현실이다. 더 웃기는 것이 있다. 매수자들이 돈이 없어 집값이 빠지는데 주택 보유자들이 정부에게 규제 완화를 요구한다는 점이다. 이런 3류 코미디 쇼가 지금 현재까지 계속 벌어지고 있다.

돈이 없는데 규제를 푼다고 사람들이 과연 집을 살까? 과거에는 종부세니 뭐니 아무리 규제를 해도 돈이 있으니 사람들이 너도나도 집을 샀다. 다시 한번 말하지만 돈을 가진 사람은 거짓을 말할 수 있지만 돈은 결코 거짓말을 하지 않는다.

"규제 완화?
족구하지 말라 그래." -영화 '말죽거리 잔혹사'에서

이 지겨운 3류 코미디 쇼는 지난 2012년 대선에서 새누리당이 승리하면서 최소 2016년까지는 지속될 전망이다. 대선과 2016년 총선에서 새누리당이 다시 승리한다면 더 이어질지도 모른다.

고로 이 암울한 상황 속에서 살아남을 투자 수단을 찾는 것은 더 이상 선택의 문제가 아니라 생존의 문제라 할 수 있다. 따라서 최근 코스피 시장에 상장한 일본 모기지 업체 'SBI모기지'에 대해 관심을 가질 필요하다.

SBI 머니프라자

3. SBI 모기지

모기지를 전문으로 취급하는 모기지 뱅크는 국내에 존재하지 않던 비즈니스다. 과거 일본에서는 도쿄 시내 아파트 가격이 부동산 버블 당시 고점 대비 1/10 토막 나게 되었고 주택 매매 시장은 사형선고를 받게 되었다. 따라서 주택 구매 대신 임대에 대한 수요가 늘어나게 되었고, 이러한 사회적 수요를 소화하기 위해 모기지 전문 업체가 등장했다.

미국의 서브프라임 모기지 사태로 투자은행들의 파산이나 부동산 PF에 몰빵했다가 패가망신한 저축은행의 부실화, 최근 가계 부채 급증으로 인한 주택담보대출 부실화 가능성에 대한 우려의 목소리가 높아지고 있다. 작금의 상황 속에서 주택 모기지 업체는 과연 괜찮을까 하는 의문이 드는 것은 당연하다.

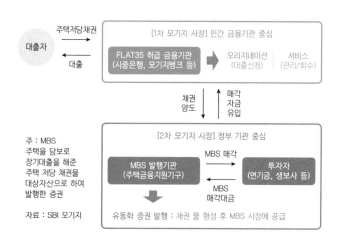

하지만 모기지 전문 업체에 수익구조를 보면 이러한 신용 리스크에서 안전함을 알 수 있다.

고객의 예금을 대출하는 일반 은행과 달리 일본의 모기지 업체는 일본 주택금융 지원 기구로부터 자금 지원을 받는다. 이렇게 형성된 대출들은 증권화가 되면서 은행과 증권사에게 넘어간다. 한 마디로 말해서 모기지 업체는 유통을 담당할 뿐 자금 공급은 정부 기관이, 대출 관리는 은행과 증권사가 하게 된다.

어떤 사람은 이렇게 말할지도 모른다. 유통을 담당한다면 백화점이나 마트와 같은 곳인데 그런 곳은 재고 처리가 문제가 아니냐고. 하지만 제조업과 금융업의 차이를 생각하면 이는 걱정할 필요가 없는 문제다.

금융업은 제조업과 여러 가지 면에서 차이를 보인다. 하지만 그 중에서도 가장 큰 차이는 재고자산의 유무다. 금융업이 비즈니스만 제대로 된다면 제조업에 비해 높은 영업이익을 낼 수 있는 이유이기도 하다. 불경기에 제조업체는 재고 비용이 문제가 되겠지만 금융사는 재고부담이 없으므로 경영이 어려워지면 직원을 해고하여 쉽게 비용을 절감할 수 있다.

이러한 금융업과 유통업의 특성을 모두 가지고 있으면서 대출 부실화 문제는 증권사와 은행이 책임지게 하는 모기지 업체는 두 비즈니스의 장점을 모두 가지고 있다.

2012년부터 주택금융공사가 일본의 주택금융지원기구의 역할을 하면서 모기지 전문 업체들의 영업이 시작될 전망이다. 새로 열리는 이러한 시장에 이미 일본에서 비즈니스를 하면서 충분히 경험을 쌓은 일본 업체들이 경쟁력을 가지게 되는 것은 말할 필요도 없다.

이미 한국에 전세제도에 맞는 맞춤형 상품을 만들기 시작했으며 이미 SBI그룹의 계열사 중 SBI인베스트, SBI글로벌이 코스닥에 상장되어 있는 상황이다.

📖 엔저와 코스피. 어떻하지, 어떻하지 너(2013년 02월 18일)

2013년 2월 9일 금융투자업계에 따르면 코스피의 8일 종가 1,950.90은 최근 52주저점인 1,769.31 대비 10.26% 올랐다. 주요국 의 저점 대비 상승률에 비하면 크게 못 미치는 수치다. 반면 최근 엔화 약세에 힘입어 약진한 일본 닛케이225지수는 저점 대비 상승률이 38.19%에 달했다.

그 외 독일(27.00%), 중국(24.22%), 프랑스(23.47%), 인도(23.15%), 영국(19.67%), (18.32%), 대만(14.68%) 등 대부분 국가 주요 지수의 저점 대비 상승 폭이 코스피를 크게 웃돌았다.

'엄친아'라는 지극히 한국적인 용어가 말해주듯이 남과의 비교에 민감한 한국의 투자자들에게 이러한 상황은 참으로 견디기 힘든 일이다.
대부분 사람들이 알고 있듯이 한국 증시에 이러한 부진의 원인은 아베 총리의 양적 완화 정책으로 인한 엔저 현상에 기인한다.
2013년 1월 22일 일본중앙은행은 인플레이션 목표를 소비자물가지수 2%로 잡고 일본 정부와의 공조를 확대하겠다는 내용에 양적 완화 정책을 발표했다. 자산 매입 기간을 구체적으로 설정하지 않았다는 점에서 미국의 3차 양적 완화와 유사한 조치로 볼 수 있다.
7월에 일본 참의원 선거가 있다는 점을 감안하면 그는 최소 올해 7월까지 엔저 정책을 밀어붙이려 할 것이고 이러한 시도는 엔저리스크가 한국 증시를 한동안 지배할 것임을 의미한다.

12월 중의원 선거 당시 유세하는 아베 총리

그렇다면 일본이 이러한 엔저 정책을 실시하게 된 배경은 무엇이고 한국 경제에 어떤 영향을 미치게 될 것인가?

1. 세계 경제에 마루타, 일본

70, 80년대 세계를 주름잡던 일본. 하지만 미국에 압력에 굴복하여 프라자 합의를 하게 되고 뒤이은 부동산 버블붕괴와 고령화에 직격탄을 맞게 된다. 그 후 일본 경제는 90년대 이 후 대학원과 MBA에 케이스 스터디 대상으로 전락하여 오늘날에 이르게 되었다.

〈디플레이션에 관한 생체실험 대상이 된 일본 경제. 그리고 학구열에 불타는 대학원 및 MBA 재학생들〉: 아시아의 어느 후진국에서 저 생체실험 대상을 숭배하는 자들이 있다고 하니 언젠가 '또 다른 의미'에 생체실험 대상이 나타날지도 모른다.

60년 전 731부대를 만들어 잔악한 생체 실험을 했던 그들이 결국 1990년 대 이 후 미국에 압력에 의해 경제적 생체실험의 대상이 된 것은 사악한 범죄에 대한 업보는 아니었을까 생각해본다.

그리고 20여 년 후.
2013년 1월. 일본의 아베 총리는 더 이상 대학원과 MBA 과정에 생체 실험 대상이 되기를 거부하며 엔저를 외치기 시작했다.

과연 그들은 생체 실험에서 벗어날 수 있을 것인가?

2. 맥아더 장군, 현대 일본의 아버지

2차 세계대전 이 후 일본을 점령한 미국의 맥아
더 장군.

그는 미국에 대항한 보수 우익 세력의 성장을
막고 일본을 아시아의 스위스로 만들겠다는 구
상을 한다. 그리고 미국에 대항해 전쟁을 일으킨
보수 세력을 억제하기 위해 진보세력과 사회주의

**맥아더 장군
현대 일본의 아버지**

자들을 지원한다. 이 과정에서 일본에 재벌들이 해체되었고 '일왕*'에 인
간 선언 등에 조치가 이루어졌다.

하지만 1950년 6월 25일 새벽. 한국전이 발발하면서 맥아더는 생각을
바꾼다.

일본을 공산주의에 확장을 막는 방파제로 만들기 위하여 진보세력과 사
회주의자들 대신 일본에 보수 우익을 지원하기로 한 것이다. 그 후 일본
은 55년 체제라고 불리는 보수 자민당의 독주 시대가 열리게 되었고 이
는 90년대 초까지 이어지게 되었다. 그리고 같은 기간 야당인 진보 성향
일본사회당은 점점 쇠퇴하게 된다.

---

* '일왕'이라는 명칭이 조선왕조실록에서 왜국에 우두머리를 '일본국왕'이라는 이름으로 표기한데서 유래
한데 반해 천황은 '종교적 숭배 대상'임을 의미. 그래서 친일파들은 천황이라는 용어를 기를 쓰고 사용하
는 것이다.

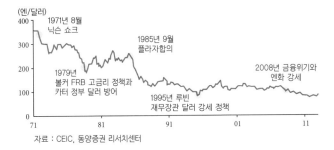

〈엔/달러 환율의 방향은 미국의 통화정책이 결정, 대통령 집권 2기 갑작스런 통화정책 변경〉

자료 : CEIC, 동양증권 리서치센터

안보와 미일 동맹을 중시하면서 아시아 국가들에 대한 과거사 사죄에 부정적 입장을 보이는 일본 보수 우익이 프라자 합의는 물론이고, 80년 대 말 부동산 시장에 버블 속에서 금리 인상을 막는 미국의 압력에 굴복하는 것은 너무나 당연한 결과였다.

3. 숫은 오른손으로 한다. 왼손은 거들 뿐.

양적완화는 결국 근린궁핍화정책(beggar my neighbor policy)이 될 수밖에 없고 기축통화국이 아닌 이상 주변 국가와 협조없이 성공하기는 어렵다.

과거 미국, 유럽이 양적완화를 실시할 때 우물쭈물 하다가 참여하지 못 한 것이 일본에 실기였다.

하지만 일본에 입장에서는 이번 조치가 필요한 것이 사실이다.

〈일본 명목GDP는 고점대비
8% 하락해 디플레 가장 심각〉

(2008.1Q=100)

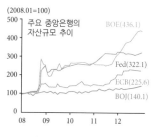

〈그러나 일본중앙은행(BOJ)의
양적완화는 가장 미약했음〉

(2008.01=100)

자료 : CEIC, 동양증권 리서치센터

〈미국의 대 일본 무역수지 적자 비중〉

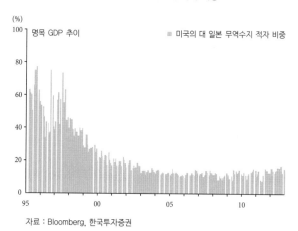

자료 : Bloomberg, 한국투자증권

그리고 미국이 일단 일본의 편을 들어주고 있다는 점에서 일단 일본에게
행운이 따라주는 것 같다.

최근 중국 위안화 환율이 균형 수준에 도달했을 뿐만 아니라 대중 무역
적자도 줄어들고 있다. 게다가 미국은 세계적인 셰일가스 생산량을 자랑
하고 있다.

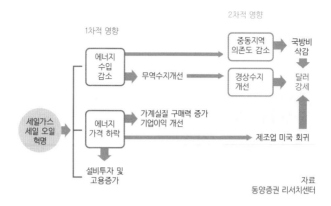

〈세일 혁명이 다국경제와 딜러강세에 미치는 영향〉

자료
동양증권 리서치센터

세일가스 붐을 실업률 하락과 경기 회복으로 조속히 연결시키기 위해서는 미국 국내 소비를 살려야 하고 따라서 미국 정부는 달러 강세 기조를 유지할 것이다. 즉, 지금 미국의 움직임이 일본에게 유리하게 돌아가고 있는 것은 사실이다.

하지만 일본과 제조업에서 경쟁을 벌이고 있는 유럽과 아시아 국가들은 일본에 대한 비난을 멈추지 않고 있다.

국제사회에 일본에 대한 압력은 나날이 커져가는데, 일본 편을 들어주고 있는 것은 미국 혼자. 결국 엔저의 유통기한은 미국이 생각을 바꿔서 돌아서는 순간 비자발적으로 종료될 가능성이 크다.

일본 만화 슬램덩크에 강백호는 말했다. '슛은 오른손으로 한다. 왼손은 거들 뿐'. 그의 나라 일본의 통화 정책도 그렇다. '결정은 미국이 하고 일본은 거들 뿐'. 이는 일본 스스로가 더 잘 알고 있다. 그럼에도 불구하고 일본은 왜 이런 선택을 할 수 밖에 없을까?

4. 아베의 승부수

미국을 제외한 상당수 아시아와 유럽 국가들은 일본의 양적 완화를 맹
비난하고 있다. 하지만 일본의 입장에서는 도박을 하지 않을 수 없는 상
황이다. 영화 '라운더스(Rounders: 1998)'에서 마이크(맷 데이먼 분)는 말했다.
'도박을 하지 않으면 잃지는 않는다. 하지만 딸 수도 없지'.

친일파들은 자유시장경제라는 단어를 입에 달고 다니지만 정작 그들이
숭상하는 일본은 자유시장경제와 거리가 멀어도 한참 먼 나라이다. 진정
한 자유시장경제국가라면 민간 대기업 한 두개 망한다고 경제가 어려워
질지언정 정부 재정이 빵꾸나지 않는다.

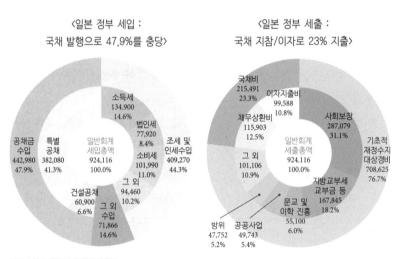

〈일본 정부 세입 :
국채 발행으로 47.9%를 충당〉

〈일본 정부 세출 :
국채 지참/이자로 23% 지출〉

자료 : 일본 재무성, 한국투자증권

일본 정부의 세입세출구조는 정말로 기형적이다. 과거 비이성적 부동산
부양정책과 그 후 고령화로 인한 노령인구 부양 지출 과정에서 정부부채
비율이 200%가 넘어가게 되었고 이를 20년 간 국채 발행으로 카드 돌려
막기를 하며 버티고 있는 상황이다.

그렇다면 누가 일본 국채를 그렇게 많이 사주는 걸까? 바로 일본의 기업과 금융사들이다. 그들이 해외 시장에서 벌어들인 돈으로 일본 국채를 매수해서 일본 정부가 망하는 것을 막아주고 있다. 일본 기업을 보노라면 마치 서구에 대항해시대에 존재했던 동인도회사*의 21세기 버전을 보는 기분이 든다.

이러한 기형적 구조 때문에 일본 국채 시장은 내국인 점유율이 95%에 달하게 되었고, 이는 글로벌 금융 시장에 변동에서 일본 채권 시장을 지켜주었다. 이러니 정부 부채비율이 200%가 넘는 나라에 국채가 안전자산으로 대우받게 되는 웃기지도 않는 상황이 벌어진 것이다.

흔히들 삼성이 망하면 대한민국이 망한다고들 한다. 하지만 이 말은 반은 맞지만 반은 틀린 말이다. 삼성이 당장 망한다고 가정한다면 수많은 하청업체의 도산과 실업자들이 생겨날 것이다.

하지만 당장 대한민국 정부의 곳간이 비거나 IMF에 돈 꾸러 가야 하는 것은 아니다. 하지만 경제 구조가 일본처럼 되어있다면 수출 대기업의 몰락이 정말 국가 부도로 이어질 가능성이 크다.

---

* 이를 모방해서 일제가 만든 동양척식회사는 한민족을 수탈하는데 앞장섰고, 독립운동가들에게 여러 차례 공격받은 바 있다.

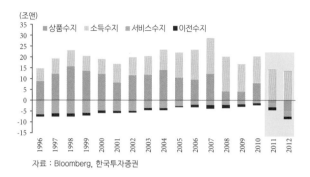

〈일본 경상수지 급감 : 경기침체, 엔화 강세, 대중 무역마찰〉

자료 : Bloomberg, 한국투자증권

부채비율 200%의 부실국가 일본이 망하는 것을 막아온 것은 일본 제조업에 경쟁력이었다. 하지만 2013년 초 현재 일본의 경상수지는 급감하고 있다.

 이는 일본 국채 시장에서 외국인의 비중이 늘어나게 하는 원인이 되었으며 이로 인해 일본 국채 시장은 외국인에 영향력이 나날이 커지고 있다.

〈외국인 일본 국채 보유 비중 : 9%까지 상승〉

자료 : Bloomberg, 한국투자증권

즉, 200%에 달하는 정부 부채를 어떻게 해서든 처리해야 하는 시점이 다가오는 것이다.

기업가의 이익(전망) 개선 →투자와 고용증대 → 임금상승 → 소비확대의 선순환, 그리고 주택가격 상승 기대 → 가계대출 확대 → 주택가격 상승 → 가계소비지출 증가의 선순환의 구조를 만들어 냄을 통해 부채의 가치를 감소시키고 일본 제조업에 경쟁력을 회복하는 것이 일본 아베 총리의 의도이다.

물론 이러한 의도가 성공할지 여부는 전적으로 미국에 손에 달려있다. 만일 오바마 행정부의 달러 강세 정책이 더욱 강화된다면 일본에 호재가 될 것이다. 하지만 미국의 정책이 과도한 엔고 해소를 용인하는 정도에 그친다면 미션에 달성은 어려워 질 것이다.

태양의 나라 일본의 지도자이시여, 20년 경제 불황 속에 지친 일본 국민을 구출하시는 것이 위대한 다이묘의 임무이십니다.

유럽과 아시아의 불친절한 이웃들에 비난과 통상 압력을 견디어 내시고 미국의 생각이 바뀌기 전에 물가 상승률 2%를 달성하시는 한편, 경상수지를 흑자로 만드셔서 일본 경제의 부흥을 가져오시기 바랍니다.

그럼 행운을 빕니다.

승리 조건 물가 상승률 2%, 경상수지 증가율 전년 동기 대비 5%, 정부 부채 비율 200% 이하의 조건들을 3년 연속 달성, 글로벌 히트 상품 5개 이상 개발.

공략 팁

- 미국이 변심하면 난이도 급상승. 미국과 관계에 목숨 걸어야 함. 못줄 꺼
  빼고 다 줘야 함. 현재, 프라자 합의 때 무릎 꿇은 보수 자민당이 집권세
  력이니 미국이 하라면 '사람 죽이는 거 빼고 다 할 수 있다'는 점을 적극
  활용.(어쩌면 사람 죽이는 것도 가능할 수도....)

- 시간이 지나면 유럽과 아시아 국가들의 비난이 거듭됨에 따라 분노 게
  이지가 올라가서 무역장벽이 생길 가능성이 큼.=>경상수지 증가율 조
  건 달성을 위해 신경 써야 함
  일본의 강력한 기술력을 바탕으로 이를 뚫을 수 있는 글로벌 히트상품
  개발에 집중 투자해야함.(한국의 주요 수출기업들을 최소 3개 이상 쓰러뜨린다면 경상
  수지 흑자는 무난할 것)

- 물가상승으로 인한 일본 국민의 불만을 컨트롤 하는 것 역시 중요(쓰레기
  민족주의 선동질 필요. '야스쿠니 신사 참배', '독도는 일본 땅 외치기', '역사 왜곡' 등의 스킬
  추천.)

주의 '조어도는 일본 땅' 스킬은 정부 지지율 상승에 도움은 되나 중국을
분노하게 하여 경상수지에 악영향을 줄 수 있으니 신중히 사용할 것. 중국
의 분노 게이지를 적절히 조절하면서 동남아 쪽 애들이랑 친하게 지내는
줄타기 외교 필요. 그리고 정권 교체기 중 엔저에 찍소리도 못하는 만만돌
이 한국. 반드시 공략해야 함. 한국 내 친일파 적극 활용 -게임 '문명 5'에서

일본은 미국이 생각을 바꾸기 전에 기대인플레이션을 자극해야 한다. 만
일 제한된 시간 내에 기대인플레이션 심리를 충분히 자극하지 못한다면
일본 경제는 나락으로 떨어질 수도 있다.
인플레이션을 조장하는 정책은 시장금리 인상과 물가 상승을 유발한다.

이는 일본 정부가 지불해야 하는 이자 부담이 더 커지고 일본 국민에 생활이 더욱 힘들어짐을 뜻한다. 게다가 그 동안 안전자산이었던 일본 엔화는 글로벌 금융위기가 해소됨에 따라 장기적으로 약세를 보일 수 밖에 없었던 상황이다.

군이 아베가 엔저 정책을 사용했기 때문에 엔화가 약세를 보이는지는 미지수인 셈이다. 만일 이것이 사실이라면 인위적인 엔저로 인해 일본의 내수가 흔들리는 사태가 벌어질 수도 있다.

5. 엔저 정책에 한계

사실 일본의 경제가 살아나기 위해서는 경상수지가 흑자가 되어야 하는데 엔저 정책이 지속적으로 실시된다고 해도 일본의 경상수지는 과연 살아날 수 있을까? 혹시 요즘 최신 스마트 폰 중에서 일본 브랜드 당장 기억나는 거 하나라도 있나? 전자제품 시장에 강자인 일본이 잘 나가는 스마트 폰 하나 제대로 못 내놓는다? 아무래도 일본 기업 자체 경쟁력에 문제가 있는 건 아닐까?

한 예로 일본 대표 IT기업 소니의 제품 포트폴리오는 디지털카메라, 캠코더, 휴대용게임기, 노트북PC 등 전자제품으로 구성되어있다. 하지만 이 제품들은 스마트폰, 태블릿PC 등 대체재의 폭발적인 성장에 따라 성장이 정체되어 있다. 또한 새로 론칭 예정인 신제품인 4K TV, 미러리스 카메라, PS4 등 역시 이머징 마켓에 소비자들에게 어필하는데 한계가 있다.

즉, 엔저로 인한 일본 기업의 수익성 개선은 일회적 요인에 그칠 가능성이 크고 이를 바탕으로 새로운 트렌드에 적합한 제품포트폴리오를 구축하기 전까지는 한국 기업을 위협할 수 없을 것이다. 그리고 이는 일본이 경상수지가 상승 반전 하는데는 상당한 시간이 걸릴 수 밖에 없고, 그 사이에 미국의 정책 변경, 아시아, 유럽 국가들과의 갈등 심화 등 수많은 변수들이 존재한다는 점을 의미한다. 일본 경제가 본격적인 회복세로 접어드는 길은 결국 산 넘어 산이다. 그리고 만일 엔저 정책이 일본 기업의 경쟁력을 회복하는데 실패하여 결국 쌍둥이 적자(무역적자와 재정적자)가 동시에 발생할 경우 엔화의 더욱 강력한 엔화 약세와 함께 일본 경제가 본격적으로 파탄날 수 있다. 일본이 경제적으로 침몰하는 것이다.

미국은 기축통화국의 기득권을 활용해서 쌍둥이 적자 속에서도 살아남을 수 있었으나 일본은 기축통화를 보유하지 못한 상태다. 이런 나라에서 200%가 넘는 재정적자와 무역수지 적자가 진행된다면? 국제 투기자본의 좋은 먹이감이 될 것이다.

2011년 1월
World Economy
Forum에서의
조지 소로스

현재 시나리오 단계인 기대작 '일본 대침몰'은 90년대 불후의 명작 '대영제국 침몰'을 오마주 한 작품이라고 한다.

당시 주연을 맡은 조지 소로스는 파운드 화에 엄청난 공매도 공격을 퍼붓는 악역으로 열연하며 남우주연상을 수상하였다. 이 작품은 그의 데뷔작이자 이 후 촬영된 'IMF, 외환은행 그리고 론스타' 등 수많은 작품에 영감을 준 불후의 명작으로 영화사에 한 획을 그었다.

'대영제국 침몰' 최대 명장면은 마지막 반전.(스포일러 있음.)

소로스의 공격으로 실시간으로 폭락하는 파운드화 차트, 결국 영란은행은 소로스에 공격에 무릎을 꿇고 영국이 IMF에 구제 금융을 요청하기로 했다는 뉴스가 깔린다.

그 후 럭셔리한 연회장으로 자신감 넘치는 발걸음으로 들어가는 조지 소로스. 파운드 화 공매도로 큰돈을 벌어준 그는 그를 둘러싼 수많은 투자자들에게 화답한 후 이 영광을 어느 귀부인에게 돌린다. 순간 투자자들에 시선을 한 눈에 받게 된 귀부인. 그리고 놀라서 입을 다물지 못하는 투자자들.

영국의 엘리자베스 여왕

화사하게 웃으며 소로스를 맞이하는 그녀는 바로 영국의 여왕, 엘리자베스 2세.
엘리자베스 여왕의 미소 위로 눈물을 흘리는 주인공 에이미의 모습이 오버 랩되며 영화는 끝난다.
흥행보증 수표 조지 소로스. 역시 '일본 침몰'이 크랭크 인 된다면 유력한 캐스팅 후보다.

게다가 일본의 국채의 보유자들은 90% 이상 내국인으로 구성되어 있다. 글로벌 경제에 일본의 부도가 직접적으로 미칠 영향력이 제한적이라는 의미이다. 국가부도 사태가 났는데 대마불사 조차 논리도 적용되지 못한다면….

과연 국제 사회가 순순히 자금지원을 해줄까?
미국이 중국 견제라는 정치적 목적을 위해 일본을 지원할 가능성은 있으나 그런 명분에 순순히 동의할 나라는 그리 많지 않을 것이다. 더구나 일본의 전면적 몰락은 엔캐리 자금의 이탈로 금융시장이 잠시 흔들릴지라도 한국 기업에게는 엄청난 기회가 될 것인데 국내에서 일부 친일파들

제외하고 일본에 대한 지원을 찬성하는 사람이 얼마나 될 것인가[*]?

일본의 운명을 건 아베의 베팅. 과연 어떻게 될 것인가?
운명의 여신은 정말 일본의 손을 들어줄 것인 것인가?

"탈무드에서 배운 것이 있다면 우리는 운명에서 도망칠 수 없다는 거야. 운명이 우리를 선택하니까…." - 영화 라운더스(Rounders: 1998)

---

[*] 지난 후쿠시마 대지진 당시 일본인들은 한국이 보내준 성금을 받자마자 '독도는 일본 땅'을 외쳤다. 당시 일본에 큰일이 났으니 예능 프로를 중단하라느니 성금을 보내자느니 하던 사람들. 과연 순수한 의도였을까?

🖋 한국과 일본의 평행 이론(고객전용-2013. 05. 19)

1. 평행이론, 그리고 데자 뷰

많은 사람들은 말한다. 세상에 똑 같은 인생을 사는 사람은 없다고. 하지만 결국 우리의 인생이란 바둑 기사가 대국을 마친 후 복기를 하듯이…. 누군가의 인생을 복기하고 있는 것은 아닐까?

〈링컨과 케네디에 평행이론〉

에이브러햄 링컨		존 F. 케네디
1846년	의원당선	1946년
1860년	대통령당선	1960년
금요일	사망요일	금요일
포드극장	사망장소	포드자동차
존 윌크스 부스 (1839년생)	대통령 암살범	리 하비 오스월드 (1939년생)
앤드루 존슨(1808년생)	후임 부통령 이름	린든 존슨(1908년생)

정말 우리의 인생과 역사가 바둑 기사가 복기를 하는 것과 같은 것이라면, 우리는 어디선가 겪은 듯하고 어디선가 본 듯한 현상 속에서 숨을 쉬고 있을 것이다.

그 현상의 또 다른 이름은 바로 '운명'이다.
운명. 정말 피할 수 없는 것일까?

다수의 사람은 바둑판 위에서 기사의 손 끝, 다른 말로 운명만을 기다리고 있는 바둑돌일 수 밖에 없다. 하지만 바둑돌들이 기사의 손 끝을 예측하고 스스로 움직인다면…. 과연 그 대국은 과연 기사의 의도대로 진행될까?

"생각하는 데로 살지 않으면, 사는 데로 생각하게 된다. 마치 바둑판에 바둑돌들처럼…."

2. 평행선 위에 두 나라

1964년 도쿄 올림픽 그 후

1980년대 소니, 도요타 등 일본 대기업의 전성기.

왼쪽 부터
소니의 워크맨(1979) | 토요타의 카리나 3세대 모델(1981-1989)
1964년 도쿄 올림픽 기념 1000엔 주화

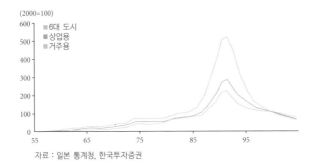

〈일본 용도별 토지가격 추이〉

(2000=100)

■6대 도시
■상업용
■거주용

자료 : 일본 통계청, 한국투자증권

그리고 1990년대 초 부동산 버블의 형성과 붕괴.

그렇다면 일본의 아바타(?)

한국은?

1988년 서울올림픽 그 후

2000년대 삼성전자와 현대차를 비롯한 한국기업에 대 약진.

왼쪽 부터
88올림픽 기념주화 | 삼성전자 애니콜 | 현대차 다이너스티

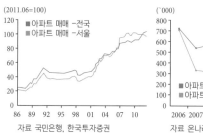

〈한국 아파트 매매 가격〉

(2011.06=100)

■ 아파트 매매 -전국
■ 아파트 매매 -서울

자료 국민은행, 한국투자증권

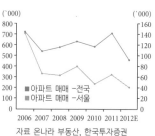

〈한국 아파트 거래량〉

(`000)  (`000)

■ 아파트 매매 -전국
■ 아파트 매매 -서울

자료 온나라 부동산, 한국투자증권

그리고 부동산 거품과 함께 시작된 2010년 대. 한국은 일본을 약 20년의 시차를 두고 따라갔고 그러한 시대의 흐름을 타고 일본에서 10-20년 전에 유행한 아이템을 도입하여 많은 사업가와 무역상들이 사회적, 경제적 성공을 거두었을 뿐만 아니라 그러한 트렌드를 미리 파악하고 움직일 수 있었던 순수 일본 자본 혹은 재일교포 자본들 역시 한국에서 큰 성공을 거두었다.

해방 이 후에도 일본이 남긴 유산들이 한국의 지배층을 통해 한국 사회 시스템 곳곳에 스며들어왔기에 가능한 것이었다. 그리고 아직도 그러한 시대의 흐름은 아직도 끝나지 않았다.

롯데월드, 신한은행
용산금융센터, 세븐일레븐
상도점, 러시앤캐시 수원지점,
유니클로 강남점

만주국 장교 박정희의
일왕을 위한 충성혈서에 대한
만주신문 보도(1939년 3월 31일)

그렇다면 한국의 미래는 정말로 일본식 장기 침체일까?

"탈무드에서 배운 것이 있다면 우리는 운명에서 도망칠 수 없다는 거야. 운명이 우리를 선택하니까." -영화 '라운더스(Rounders: 1998)'

3. 한국의 길 그리고 일본의 길

귤화위지(橘化爲枳)라는 말이 있다. 회수 이 남에 귤 종자를 회수 이북에 심으면 탱 자가 된다는 말이다. 그렇다면 한반도에 심어진 일본의 종자는···. 과연 어떤 모습 일까?

〈귤〉　　　〈탱자〉

A. 한 남자가 있어

자본주의 시스템에서 기업의 생산성은 고용과 투자는 물론이고 사회 전 반에 활력을 불어넣는 중요한 요소라고 할 수 있다. 임금이 올라가고 인 플레이션이 발생해도 기업이 그 이상의 생산성을 내고 유지할 수 있다면 이는 상대적으로 부차적인 문제일 것이다. 따라서 ROE를 통하여 80년대 세계를 주름잡던 일본 기업의 수익성과 2000년대 한국 기업의 수익성 흐 름을 비교해보도록 하자.

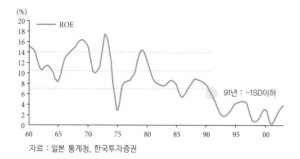

〈일본 제조업 ROE〉

자료 : 일본 통계청, 한국투자증권

80년대 이전 두 자리 수 ROE를 자랑하던 일본의 기업들. 하지만 80년대 이 후 일본 기업의 ROE는 끊임없이 추락하고 있다. 대체 당시 일본 기업 에게는 무슨 일이 벌어졌던 것일까?

〈일본 ROE 세부 분석〉

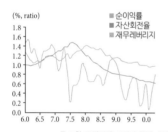

〈자산 효율성-매출채권과 고정자산 회전율〉

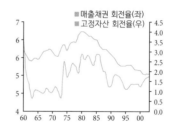

주 : 한 그래프에 그리기 위해 스케일 조정 / 자료 : 일반 통계청, 한국투자증권

일본 기업의 ROE를 듀퐁 분석으로 쪼개보면 기업의 수익성/ 자산회전률/ 재무레버리지로 나눌 수 있다. 그리고 일본의 ROE는 자산회전률과 재무 레버리지가 동시에 하락하는 가운데 내려가고 있다. 쉽게 말해서 'ROE= 당기순이익/순자본'에서 분모인 순자본이 커진 것이 ROE하락의 원인인 데 그것은 유동성이 부족한 자산에 돈이 묶여버렸기 때문이다.

그 원인은 프라자 합의와 뒤 이은 루브르 합의로 인한 저금리 그리고 기업의 부동산 투기 열풍.

부동산 투기 열풍으로 인해 기업활동으로 버는 돈보다 부동산 투기로 돈 벌기가 쉬워졌으니 기업들은 마구잡이로 땅을 사들이기 시작했다. 당장 눈앞에 이익 때문에 부동산에 내재된 유동성 위험을 망각한 것이다. 일본 부동산 시장에 버블은 결국 붕괴하였고 일본 기업의 막대한 자금은 부동산에 물려서 빠져나올 수가 없었다. 일본 정부는 부동산 시장을 부양하기 위해 개입하였으나 '수요 공급의 법칙을 거스르는 자는 망한다'는 교훈만 남겼고 결국 일본은 대학원과 MBA에 케이스 스터디 대상으로 전락했다.

하지만 2000년대 한국은 다르다.

<KOSPI의 ROE>

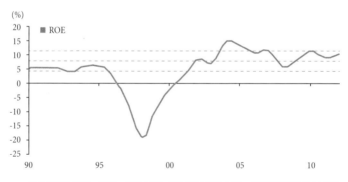

주 : 점선은 평균, +1SD, -1SD 의미. 각각 97~00년 수치는 제외하고(마이너스) 계산
자료 : WiseFn, 한국투자증권

한국 기업의 ROE는 미국금융위기 기간을 제외하고 2000년대 들어서 2자리 수를 유지하고 있다. 즉, 기업의 수익성이 받쳐주는 한국 증시는 외

부 악재로 하락한다고 해도 충분한 가격 메리트를 가질 수 있다는 것을 의미하고 한국 증시는 일본과 같은 극단적인 상황에 몰리지 않을 가능성이 크다.

하지만 한국 기업의 ROE는 과연 이대로 유지될 것인가?

B. 제국의 역습

한국의 대중 수출비중이 약 30%에 달한다는 현실을 감안할 때 한국 기업이 높은 ROE를 기록한 것은 중국과 무관하다고 할 수 없다. 중국으로 흥한 자 중국으로 망할 수 있다는 말이다. 이러한 현실은 한국 기업의 추격에 직면한 90년대-2000년대 일본보다 산업고도화에 박차를 가하는 중국을 상대해야 하는 2010년대 한국의 상황이 더 어렵다는 것을 의미한다.

즉, 1980년대 한국과 일본의 경쟁은 미국 시장을 중심으로 벌어졌다. 당시 미국은 최대 수출 대상국이었으며 레이건 대통령의 레이거노믹스의 결과 대규모 노동조합을 보유한 미국의 제조업은 약화되어 갔다. 그리고 그 공백은 한국과 일본이 경쟁하며 메워졌다. 당시 미국은 심판 역할에 머물렀고, 한국과 일본은 미국에서 원정 경기를 치룬 셈이다. 심판이 제3자였으니 비교적 동등한 조건에서 경쟁한 것이다.

하지만 2010년대는 상황이 다르다. 한국의 최대 수출 대상국은 중국이며 미국의 오바마 대통령은 제조업의 부흥을 외치고 있다. 결국 무대는 중국이 될 수밖에 없는데 중국 정부는 산업고도화를 위하여 중국 기업을 지원하고 있다. 이번 경기에 심판은 중국이고 한국, 일본은 원정팀, 중국은 홈팀이다.

1999년 중국 마늘 파동 당시 농가의 피해를 우려한 한국 정부는 중국산 마늘의 수입 규제를 실시하였다. 그러자 중국은 이에 맞서 한국산 휴대폰 수입을 금지시키는 초강수로 대응하였으며 결국 한국 정부는 중국에 조치에 무릎을 꿇지 않을 수 없었다. 당시 중국이 WTO 회원국이 아니었다는 특수한 상황이었기에 가능한 일이었지만 경제적 측면에서 한중 관계의 갑과 을을 그 어느 때보다 확연하게 보여준 사건이었다.

이렇게 불리한 상황 속에서 과연 한국 기업의 ROE는 유지될 수 있을까?

태양광 같은 경우 치킨게임에서 선발업체인 독일의 큐셀 등을 무너뜨리고 중국 업체들이 주도권을 장악했으며 반도체, LCD, 스마트 폰 등에서 이러한 상황이 벌어지지 말라는 보장이 없다고 본다.

게다가 중국의 화웨이, ZTE, 레노버가 소비하는 D램의 과반수는 1위 업체인 삼성전자가 아니라 SK하이닉스* 제품이다.

SK하이닉스는 분명 우수한 기업이지만 수율과 캐파를 놓고 봤을 때 반도체 시장의 1위는 엄연히 삼성전자이니 삼성전자와 거래해야 할 것이다. 하지만 현실은 그렇지 않다.

단순히 제품의 경쟁력만 놓고 보았을 때는 1위인 삼성전자와 거래해야 하겠으나 이들이 장기적으로 삼성전자와 일전을 준비 중이라고 보면 수수께끼는 풀린다.

그들은 바로 '진리'를 깨달은 것이다.

---

* 중국 스마트 폰 시장에 성장을 고려하면 SK하이닉스의 가능성은 정말 대단하다고 할 수 있다. 하지만 그에 비해서 주가는 아직 오르지 않고 있다. 아직 없으신 분들 2013년 5월 현재도 늦지 않았다. SK하이닉스를 매수하는 것을 고려해보는 것이 바람직하다고 본다.

〈8살이 깨달은 삶의 진리〉

Would you rather be stuck on an island all
alone or with one person you hate?
배를 타고 가다가 만일 무인도에 난파하게 되었
다면 혼자 있는 것과 니가 싫어하는 사람과 함께
있는 것 중 어느 쪽이 더 낫다고 생각해?

8살이 깨달은 삶의 진리

I would rather be on this island with someone
I hate. So, I have something to eat.
난 내가 싫어하는 사람과 함께 있고 싶어. 그래
야 내가 먹을 것이 있으니까

바로 8살 초딩이 깨달았던 그 진리를….

물론 그 8살 초딩과 중국 친구들이 깨달은 그 진리가 그들 인생의 빛이
될지는 솔직히 의심스럽다. 이 쪽도 역시 '뭔가를(혹은 누군가를)' 먹어야 살
수 있는 존재이기 때문이다.

이러한 중국 기업의 잠재적 위협에서 벗어나는 방법은 명품 브랜드 파워
를 구축하는 것이다.

명품이란 특별한 사람을 위한 특별한 상품. 아무나 가질 수 없으며 그것
을 가지는 자는 성공하고 잘 나가는 사람이 된다. 사실 별 볼일 없는 사
람도 가지고 있으면 특별해지는 느낌을 주는 상품. 그것이 명품이다. 경
기가 좋으면 돈 내고 사지만 불경기가 되면 빚내고 장기 팔고 몸 팔아서
라도 사게 된다. 무역장벽을 세우면 명품의 원산지에 직접 찾아가서라도

산다. 그 어떤 정권의 통제도, 무역장벽도 뚫을 수 있는 것이 명품이다. 어느 고위층 출신 탈북자의 증언에 따르면 북한 김정은의 주석 궁에도 유럽 명품이 한 트럭이 쌓여있다고 한다. 북한 정권 심장부까지 뚫은 상품의 유입을 자본주의 국가 간 FTA니 뭐니 하는 것으로 규제하는 것이 가능할까?

사람들은 말한다 서양 친구들은 인생의 여유를 즐긴다고. 그런데 여유를 즐길 그 돈은 과연 어디서 나오고 있을까? 복지 시스템 덕분이기도 하지만 명품 산업과 같은 고부가가치 산업을 가지고 있기 때문에 가능한 것이다. 그리고 여자 친구나 와이프 위해 명품 핸드백 비용을 대는 아시아의 남자들은 열심히 일해서 비용을 지불한다. 그러면서 그는 생각한다. '열심히 야근하고 일해서 언젠가 서양 애들 이겨야지.' 그러나 그 언젠가는 그 친구가 늙어 죽을 때까지 오지 않는다는 점~. 그 친구가 열심히 일해서 여자 친구에게 유럽제 명품을 사주면 서구 기업들은 그것을 바탕으로 저 멀리 더 나가버린다. 결국 붉은 여왕 이야기에 앨리스와 같이 아무리 달리고 또 달려도 결국 제자리걸음일 뿐.

위에서 부터
CHANNEL, MERCEDES
BENZ, HUBLOT, ARMANI

"The Red Queen has to run faster and faster in order to keep still where she is. That is exactly what you all are doing!"

'이상한 나라의
앨리스(1865)' 에서

명품 산업을 보유한 국가가 된다는 것은 결국 그런 것이다. 특별한 사람을 위한 특별한 상품을 만드는 특별한 나라. 얼마나 멋있나? 이렇게 되지 못하면 미래는 없다. 실패하면 거대 중국한테 죽는 것이다. 마치 삼성이 샤프와 소니를 쓰러뜨렸듯이. 안이한 3류 민족주의 따위에 빠져 우리는 일본과 다르다고 정신승리나 하는 것은 백해무익할 뿐이다.

일본이 한국에게 당한 것도 일본 제품 중 명품이 드물어서이다. 일본을 따라잡던 시대는 끝났다. 이제는 일본을 뛰어넘어야 한다. 결국 이러한 산업에서 성공하기 위해서는 통찰력과 창조성을 가진 고급 노동력을 생산해낼 수 있는 사회가 되어야 한다.

하지만 한국은 고급 노동력을 생산하는 선진사회 대신 구태의연하게 고만고만한 인력이나 찍어내는 70년대 식 후진 사회로의 길을 택했다.

한국 대기업은 거대 중국의 위협이 다가오는 상황 속에서도 명품을 만들기 위해 제품 아이덴티티 구축이나 명품 브랜드 파워 확립 같은 측면에 전혀 관심이 없다.

삼성의 스마트 폰들 실루엣을 보면 정말 삼성만의 그런 아이덴티티가 없다. 회사 로고 빼고 저 두 제품을 구분할 수 있는 사람이 얼마나 될까?

애플과의 소송에 쏟아 부을 돈으로 브랜드 파워 구축에 쓰는 게 더 낮지 않았을까 하는 생각이 든다. 그나마 현대차의 브랜드 경영이나 K 씨리즈 신차들 나름 독자적 아이덴티티 구축하려하는 게 좀 가능성이 보일 뿐이지만 세계에 명차들과 견주기에는 아직 갈 길이 멀다.

유럽 명차에 부품 중 적지 않은 부분이 한국의 제품이지만 여전히 현대차 타는 오빠는 외제차

타는 오빠보다 대접을 못 받는 것이 안타까운 현실이다.

지금과 같은 상황이 이어지면 머지않아 한국의 생산가능인구가 정점을 찍고 중국과의 경쟁에서 한국 기업이 하나 둘 밀리면서 일본의 샤프나 소니와 같이 무너지게 된다면…. 결국 한국기업의 ROE가 하락하게 될 가능성도 배제 할 수 없다.

C. 시간은 강한 자의 편

일각에서는 중국이 중진국 함정에 빠져서 한국을 위협하지 못할 것이라고들 한다. 하지만 중진국 함정을 돌파한 나라들(한국, 대만, 일본, 싱가폴)의 특징을 확인해보니 더욱 경악하지 않을 수 없었다. 이들은 모두 중국에서 시작된 한자 문화권 안에 있는 나라들이었다. 그렇다면 한자 문화권에 본류인 중국이 중진국 함정을 끝내 돌파하는 것은 거의 기정사실이라고 보아야 한다.

그나마 안심할 것은 단일 민족이나 단일민족에 가까운 한국, 일본, 대만, 싱가폴과 달리 중국은 다민족 국가이다. 그렇기 때문에 중진국 함정 돌파 과정에서 소수민족의 민족주의를 자극하여 중진국 함정 탈출이 지연될 가능성은 존재한다.

과연 하늘은 한민족의 손을 들어줄 것인가?

D. '한 남자'의 결단

한국 기업의 미래가 불확실하지만 이 정도 ROE나마 유지하게 된 것은 바로 '한 남자' 덕분이다.

그는 바로 노태우 정부 시절 김종인 전 청와대 경제수

전 새누리당
국민행복추진위원장

석(현 새누리당 국민행복추진위원장)이다.

노태우 정부 시절 김종인 청와대 경제 수석은 일본의 부동산 버블 붕괴와 그로 인한 기업활동 위축을 반면교사로 삼아 재벌들이 보유한 투기목적에 비업무용토지를 강제 매각하게 하였다.

당시 일본 기업들과 마찬가지로 기업 본연의 영업활동 대신 부동산 투기를 해온 재벌 오너들은 그 분을 '공산주의자', '빨갱이'라는 비난하였지만 정작 '공산주의자' '빨갱이' 덕분에 오늘날 그들이 있는 것이다.

100만 원대 주가와 사상 최대의 실적. 자신들의 탐욕과 국민 경제에 미래 중 하나를 택한다면 과연 그들은 무엇을 택할까? 20 여 년전 당시 보수 신자유주의자들이 좋아하는 자유방임을 했다면 한국은 지금 쯤 일본과 같은 장기 불황에 빠져들었을 가능성이 크다.

"이 열차는 장기 불황으로 가는 '지옥 행, 급행열차' 입니다. 종착역은 '잃어버린 20년', '잃어버린 20년'입니다. 탑승하시는 순간 내리실 문은 '없습니다'."

E. 노인을 위한 나라는 없다

일본 아소 타로 부총리는 올해 초, 노인층을 위한 의료비 지출이 국가 재정에 악영향을 미치고 있음 문제 삼으며 "죽고 싶어 하는 노인은 얼른 죽을 수 있게 해야한다" 라는 발언을 하여 논란을 일으킨 바가 있다.

한국이나 중국에 비해 유교의 영향력이 약한 일본이지만 상명하복의 조직문화가 일상화 되어있다는 점을 감안하면 일본 사회가 이런 발언이 용인되는 사회는 분명 아니다. 게다가 아소 부총리가 노인층의 지지를 받아온 보수 자민당의 2인자라는 사실을 감안하면 이러한 발언이 가지는 의미는 더욱 크다.

일본은 55년 체제 성립 이 후 보수 자민당이 지금까지 거의 50-60년 동안 정권을 차지해온 '보수의 나라'이다. 97년 외환위기로 인해서 새누리당 정권이 무너진 한국과 달리 왜 일본에서는 '잃어버린 20년'이 시작되었음에도 불구하고 자민당 정권이 이어질 수 있었을까?

바로 여기에 그 비밀이 숨어있다.

'잃어버린 20년'으로 요약되는 디플레이션 기간 동안 일본에서 혜택을 본 계층은 보수 자민당의 지지층인 은퇴한 연금생활자들.

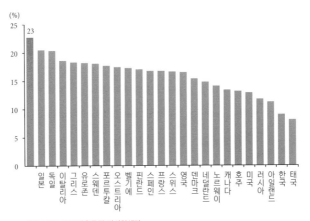

〈주요국 85세 이상 인구 비율 - 일본, 가장 고령화된 국가〉

자료 : UN, KDB대우증권 리서치센터

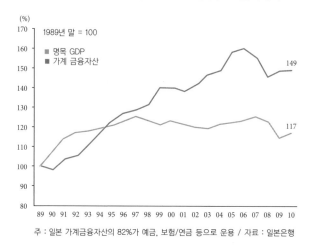

〈일본 가계금융자산과 명록GDO - 제로금리라도 예금이 유리

주 : 일본 가계금융자산의 82%가 예금, 보험/연금 등으로 운용 / 자료 : 일본은행

디플레이션은 채권자와 고정적으로 연금을 받는 은퇴한 연금생활자들에게 유리하다. 들어오는 돈은 정해져 있는데 물가가 떨어지니 살면 살수록 행복한 것이다.

나라야 어찌 되든 자신들에 고정 지지층이 현실에 지극히 만족하고 있고, 인구에서 차지하는 비중이 23%나 되니 이런 당이 정권을 못 잡는게 비정상 아닐까? 정치에 관심 없는 일본 20대 젊은이들이야 숫자도 적고 투표도 거의 안 하니 일본 기득권층은 20년 간 디플레이션에서 굳이 나올 생각을 하지를 않는 법.

반면 사회에 진출한지 얼마 안 되는 젊은이들은 부동산도 안되, 금융투자도 안되, 소비가 위축되니 사업은 더 안 되고 신자유주의 광풍으로 인해 일자리까지 불안해지게 되었다. 게다가 혹시 빚이라도 있으면 상황은 더 최악에 빠져든다. 디플레이션으로 인해 부채의 가치는 올라가지만 부채를 갚기 위해 돈을 벌기는 더 어려워지기 때문이다.

일본이 오타쿠 문화가 발달하게 된 것은 디플레이션을 용인해온 보수 정권의 장기 집권과 고령화로 인해 젊은이들이 할 수 있는 일이 없기 때문이다. 꿈도 야망도 가질 수 없다. 죽지 못해 살아가는 인생 군이 여자 때문에 피곤해지기도 싫고 그냥 내가 하고 싶은 거 하면서 살다가 저세상 가면 그만이다.

'오타쿠의 성지'라 불리는
도쿄 도 지요다 구의
아키하바라 : (보수 장기 집권+
장기불황+디플레이션의 결과물)

F. 하지만 한국은 다르다.

90년대 초 김종인 전 청와대 수석의 용단은 대한민국을 일본식 장기침체의 길에서 구해내었다. 하지만 대한민국의 부동산 문제는 전혀 엉뚱한 곳에서 불거져 나오게 되었다.

2000년대 낮은 인플레이션과 저금리 환경이 이어지면서 글로벌 금융시장과 부동산 시장에 유동성이 유입되고 있었다. 1000포인트를 넘지 못하던 코스피는 2000 포인트를 찍으며 새로운 시대를 열게 되었고 어느 보수 정당에 유력 대선후보는 자신이 집권하면 임기 내 코스피 3000을 기록할 것이라는 망언까지 서슴지 않았다.

지금 집을 사면 쪽박을 찬다'
-2006년 5월 청와대 홈페이지
(관련기사 : "집 사면 쪽박"
노무현정부 경고 현실화
-2008년 12월 한국일보 기사)

이러한 사회분위기 속에서 부동산 시장에 개인들에 투기성 자금이 유입되게 되었으며 당시 노무현 정부는 8.31 대책과 종부세 신설 등 부동산 투기 억제 정책을 내놓았으나 투기심리를 막기에는 역부족이었다.

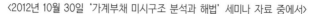

〈2012년 10월 30일 '가계부채 미시구조 분석과 해법' 세미나 자료 중에서〉

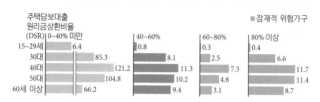

주택담보대출 원리금상환비율 (DSR)	0~40% 미만		40~60%	60~80%	80% 이상	잠재적 위험가구
15~29세		6.4	0.8	0.3	0.4	
30대		85.3	8.1	2.5		6.6
40대		121.2	11.3	7.3		11.7
50대		104.8	10.2	4.8		11.4
60세 이상		66.2	9.4	3.1		8.7

DSR은 원리금 상환액을 경상소득으로 나눈 나눈 비율, 자료 : 금융연구원

그리고 이들은 부동산 버블 속에서 아파트에 '목숨 걸고 투자'했다. 이들에 투기행위를 억제하려던 노무현 전 대통령과 열린우리당은 결국 2007년 대선에서 참패하였고 이들은 2012년 대선에서 부동산 부양책을 기대하고 현 정권을 선택하였다.

노장년층이 부동산에 '목숨 걸고 투자'한 한국에서 보수정권이 디플레이션 정책을 사용하는 것은 상상하기 힘든 일이다.

따라서 한국의 새누리당은 일본과 달리 인플레이션을 통해서 부동산을 부양하려 할 것이다. 물론 양극화로 인해서 유효수요가 실종된 지금의 상황에서 부동산 경기 부양책은 결국 실패할 가능성이 크지만 그것은 중요하지 않다. 이번 대선을 통해 그렇게 하면 부동산 시장을 살리지 못한다고 해도 표가 나온다는 것을 깨달았으니까.

이것이 2012년 대선의 불편한 진실이다.

4. 투자의 팁 | 이 종목, 이 업종 투자 다시 생각해보자.

일본과 한국의 공통점과 차이점을 살펴보면서 한국이 일본과 같이 디플레로 갈 가능성이 낮다는 것을 알 수 있었다.

일본의 경우 물가안정이 지속되고 국채의 내국인 보유 비중이 높아서 국제 금융시장에서 일본 엔화는 안전 자산으로 통용된다. 따라서 불경기에 강세를 보이고 호경기에 약세를 보이는 패턴을 보여왔다.

이러한 금융환경에 수혜를 보는 업종은 바로 해외 자원개발을 활발히 하는 상사들. 미쓰비시, 마루베니 등 일본의 상사들은 불경기에 강해지는 엔화를 이용하여 해외 경쟁사를 인수하거나 헐값에 나오는 광구나 광산을 싹슬이 하면서 크게 성장했다. 일본 증시의 대침체 속에서도 미쓰비시, 마루베니 같은 상사들의 주가는 크게 올랐다. 일본의 엔저 정책이 성공할지는 좀 더 지켜보아야 하지만 만일 정말 성공한다면 이들의 수익률은 다른 경기 민감주와 비슷한 수준으로 내려갈 가능성이 크다.

일본식 디플레로 갈 가능성이 있어서 대우인터, LG상사, LS네트웍스 등 한국의 상사 주식들을 지켜보았으나 한국이 디플레보다 인플레의 가능성이 커졌으므로 일본과 같은 큰 시세를 내기는 어려울 듯 하다.

5. 맺음말

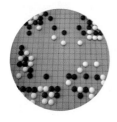

어차피 끝이 정해진 대국이다. 그저 복기를 하며 과정을 되새길 뿐 승패가 정해진 이상 아무 의미도 없다. 종종 지루한 듯 하품을 하며 복기를 하는 기사의 손놀림이 빨라지고 있다. 검은 돌,

흰 돌…. 돌들이 하나 하나 기사의 손을 떠나 자리를 잡아가고 있다.

그런데 검은 돌 하나가 움직인다.

어쭈 이거 봐라? 기사는 비웃음을 날리며 건방지게 움직인 검은 돌을 다시 제자리에 돌려 놓는다.

돌이 주제를 알아야지…. 니 자리는 저기 디지는 자리거든….

두어 수후에 죽을 놈이 아주 꼴값을 떠는구만….

같지도 않아서….

이 판은 그야말로 처참하게 발리다 못해 뼈와 살이 분리된 판을 복기하는 것에 불과하다. 하찮은 바둑돌 나부랭이가 지 멋대로 건방지게 날뛰는 건 용납할 수 없지…. 너 같은 벌레가 제 아무리 움직인다고 판이 바뀔 것 같냐?

기사는 가소로움을 느끼며 다시 복기를 진행하려 한다. 그런데….

그와 동시에 또 다른 돌이 움직인다. 기사의 짜증 섞인 손놀림이 빨라진다.

이것들이 단체로 미쳤나?

순간 수 십 개, 수 백 개의 돌들이 동시에 움직인다. 서로 바둑판 위에서 싸우던 검은 돌과 흰 돌이 서로 얼싸안고 춤을 추듯 뒤섞인다. 지진이라도 난 듯이 판 위에 모든 돌들이 서로 자기 가고 싶은 곳으로 마음껏 돌아다닌다. 기사는 감히 판을 엎을 생각조차도 하지 못하며 놀란 눈으로 바라볼 뿐이다.

지진이 난 듯 춤추며 돌아다니던 돌들은 잠시 후 움직임을 멈추었다.

기사의 눈앞에 펼쳐진 판은…고요했다.

그리고 낯설었다.

더 이상 그 판은 기사가 복기하려던 판이 아니기 때문이다.

일본의 종자는 한국의 지배층에 의해 한반도에 심어졌다.

하지만 한반도에 토양은 그 종자의 유전자를 바꾸어서 또 다른 종자를 만들어 내었다.

별 볼일 없는 흙 알갱이 하나하나가 만들어낸 작은 씨앗 하나.

고부가가치 산업 육성에 박차를 가하는 중국, 고도성장을 구가하는 동남아시아 그리고 엔저 모멘텀으로 재기를 노리는 일본. 이러한 냉혹한 현실 속에서 한국인들이 그 씨앗을 지켜낼 수 있을지는 여전히 의문이다.

이전 세대는 많은 것을 이룩했지만 오늘날 우리에게 남겨진 것은 중국, 동남아, 일본에게 포위된 냉혹한 현실과 끝도 없는 장기 침체일 뿐.

그래도 할 수 있다고 말하고 싶지 않다.

그럼에도 불구하고 이길 수 있다고 말하고 싶지도 않다.

이 포위를 반드시 뚫을 수 있다고는 더욱 더 말할 수도 없다.

하지만 20여 년 전 '한 남자'가 우리에게 남겨준 그 희망의 씨앗.

그것만이 우리 앞에 놓은 유일한 진실이다.

🌿 2013 로스트 메모리즈(Lost Memories) -국내 편

(고객 전용/ 2013년 7월 28일)

1. 로스트 메모리즈(Lost Memories)

누구에게나 되돌리고 싶은 과거는 있다.

그것은 국가와 민족 차원의 것일 수도 있고 첫사랑에 아련한 추억과 같은 개인적인 것일 수도 있다. 그리고 그 아쉬움의 정서는 수많은 걸 그룹 멤버 중 하나에 불과했던 어느 소녀를 하루 아침에 '국민 첫사랑'으로 만들기도 한다.

건축학개론을 통해
국민 첫사랑으로 떠오른 수지

그러한 아쉬움의 정서가 가장 강력하게 작동하는 곳. 그곳은 아마도 금융시장은 아닐까?

고점에 물린 투자자는 본전을 찾고 싶은 마음에 고점이 오면 던지려 하고 이로 인해 저항이 만들어진다. 바닥에서 매수하지 못한 투자자는 다시 바닥이 오기만 기다리며 이러한 심리로 인해 지지선이 형성된다. 그리고 시세가 지지 및 저항을 뚫는다면 이는 강한 시세의 시발점일 가능성이 크다.

결국 기술적 분석을 조금 시적으로 정의하자면 '금융시장에 내재된 아쉬움에 정서'라고 할 수 있을 것이다. 첫사랑의 추억과 같이 아련하게 떠오르는 '본전 생각'. 그리고 '본전생각'으로 점철된 주식 차트와 함께 시장의 아름다움을 감상해보는 것은 어떨까?

<주(株)여! 어디로 가시나이까>

그렇지만 그럼에도 불구하고 많은 사람들이 기술적 분석을 백미러만 보고 운전을 하는 것이라고 비하한다. 바로 그 자신은 과거에 재무제표와 재무비율을 보고 투자하는 걸 망각하면서 말이다.

비록, 그 말이 옳다고 해도 백미러라도 보는 것이 맹인이 되어 운전하는 것보다는 훨씬 낮지 않을까? 게다가 그 백미러를 통해서 보이는 광경들을 통해 고속도로를 달리고 있는지, 러시아워 시간대에 서울시내를 달리고 있는지 알 수 있다면…. 그래도 그것을 단순한 과거에 불과하다 말 할 수 있을까?

사람들이 과거를 아쉬워하는 이유는 결코 되돌아갈 수 없기 때문일 것이다. 그리고 그렇게 아쉬워하는 과거와 다시 만난다면 결국 실망할 가능성이 크다. 아련한 기억 속에 첫사랑을 실제로 다시 만나는 경우 많은 사람들이 실망을 하듯이 말이다.

일부 사람들이 그렇게 좋았다던 시절로 돌아가 본 결과는 5년 내에 알 수 있다.

Part 03. 역사는 반복된다   131

미래에 대한 인사이트를 주지 못하는 그러한 과거는 그저 추억에 불과하고 역사 매니아들에 흥미거리에 불과하다. 결국 우리에게 의미 있는 과거는 단순한 추억의 대상이 아니라 '강력한 평행이론을 일으키는 과거'를 의미한다.

'강력한 평행이론을 일으키는 과거'. 이는 미래와 동의어이다.

그리고 '강력한 평행이론을 일으키는 과거'는 어쩌면 바로 이 순간에 그리고 당신 곁에 존재하는지도 모른다.

2. Why So Serious?

양극화와 저성장은 금융 서비스에 제공 역시 양극화 시키고 있다. 금융 위기와 경기 침체속에서 구조조정이 일상화 된 금융사들은 투자 여력과 자산관리 수요가 많은 VIP고객의 밀집 지역에 지점과 PB센터를 집중시키고 있다.

< 'PB센터 빈부격차?' ···강남구 41개 vs 강북구 0개> -스포츠서울 2011년 3월 18일

그리고 일부 언론들은 이러한 현상이 빈부격차를 심화시킬 것이라고 우려하기도 하였다.

하지만 미국의 저명한 투자자 켄 피셔는 이렇게 말했다.

'남들이 모르는 것을 당신이 알면 당신은 시장을 이길 수 있다'

그리고 남들이 모르는 것을 알기 위해서는 지극히 당연하게 보이는 것을 한번쯤 의심해보아야 한다.

<발상의전환류 甲>

내 고등학교 선배의 대학시절 이야기다.

이 선배가 듣던 프로그래밍 수업의 과제가 '사람에게 지지 않는 오목 게임' 만들기였다. 그 수업의 수많은 이과 출신들이 경우의 수, 함수, 난수화(랜덤화) 등 오만가지 제작 기법을 고민하고 있을 때, 이 선배는 '사람이 다섯번째 돌을 클릭하는 순간 프로그램이 꺼져버리는' 오목 게임을 만들어서 A+ 학점을 받았다고 한다.

과연 정말로 PB센터는 빈부 격차를 심화시켰을까?

2012년 9월 사상 최초 30년 만기 국채가 발행되던 해에 기사 헤드라인을 보자.

30년 물 국채발행 첫날, 강남 일부 큰손 주문 쏟아져 -매일경제 2012년 9월

30년 만기 국채의 판매 호조에 고무된 이명박 정부는 특단의 조치를 취한다. 내년 국채 발행량을 5배로 늘리는 한편 개인투자자들이 직접 국채 입찰에 참여할 수 있도록 한 것이다.

30년 국채 인기 폭발…. 내년 발행물량 5배로 -조선비즈 2012년 10월

빈부의 격차가 정말 심화되었다면 PB센터의 VIP서비스에 주요 고객인 거액자산가들은 30년 만기 국채 투자는 성공했어야 할 것이다.

하지만, 그럴까? 정말로 그렇게 되었을까?

앞서 말했듯이 남들이 모르는 것을 알기 위해서는 당연해 보이는 것들을 의심해보아야 한다. 다음 기사가 그 질문에 답을 던져줄 것이다.

세금 아끼려 든 30년 국고채…. 올 들어 8% 평가손실 -조선비즈 2013년 7월

"증권사 믿고 샀더니"…. 국고채 30년물 투자피해* -조선비즈 2013년 7월

(매매차익 노린 슈퍼리치 "최대 10% 원금손실 우려")

KB국민은행의 연구보고서에 따르면 2010년 말 기준 금융자산 10억 원 이상인 개인이 약 13만 명(대한민국 상위 0.26%) 정도로 추정되고 이들의 보유 금융자산은 288조, 1인당 평균 22억 원 정도 된다.

위에 해당되는 사람들을 수퍼 리치로 본다면 총 투자가능 금융자산 약 20억 정도. 안전자산 버블기였음을 감안하면 20억 중에서 채권에 약 50% 혹은 그 이상의 투자가 이루어졌을 것이고, 즉, 최소한 1인당 10억 정도를 채권에 투자했을 것이다. 즉, 수퍼 리치들이 입은 것으로 추정된 손실은 최소한 10억 중 1억, 13만 명이 평균 1억 원씩 손실을 보았다고 가정하면 전체 손실액은 최소 13조원 정도로 추정된다.

---

* 증권사보다 은행의 영업망이 촘촘하고 은행에 예탁자산이 증권사보다 훨씬 많다는 점을 감안하면 실제 손해의 대부분은 은행 고객들에게 발생했을 가능성이 크다. 하지만 이런 기사에서 은행의 이름을 찾기는 쉽지 않다. 과연 그 이유는 무엇일까?

"Why so serious?" –영화 배트맨 다크나이트 중에서

내년 2013년에 30년 만기 국채 발행규모가 5배로 늘어난다는 정부의 발표를 주식에 비유하자면 발행 물량에 5배를 유증하는 것에 비유할 수 있다. 즉, 단순하게 생각해서 해당 자산에 투자되는 유동성이 변함없이 일정하다고 가정한다면 해당 자산의 가치는 하락할 수 있다는 것을 뜻한다.
이런 자산에 투자하는데 관심 있으신 분은 고아원 연락처를 알려드릴 테니 차라리 본인 혹은 사업체 명의로 그 돈을 기부하고 세제 혜택을 받으실 것을 권해드리고 싶다.

낮은 금리에 장기 국채를 발행하여 대한민국 정부가 세수를 조달하는 것은 최저 자본조달비용으로 최대한의 세수를 확보하는 것을 의미한다. 대한민국 정부가 30년 만기 국채를 통해서 저렴하게 조달한 자금은 최소 약 13조원. 수퍼리치를 대상으로 확보한 자금만 이 정도이고 그 외 투자여력이 있는 중상류층, 중산층에게 확보한 자금은 이보다 더 될 것이다. 일종의 사실상 부자증세가 이루어진 셈이다.
김경준의 흉계로 인해 금융인의 꿈을 접고 정치인의 길로 들어선 그 분이 30년 만기 국채를 고가에 팔아먹는 선진 금융기법을 통해 국고를 탄탄히 하는 모습은 마치 7년 대풍과 7년 대 기근을 예언한 구약에 요셉*을 보는 듯하다.

당시 이집트는 팔레스타인 유목민족인 힉소스에 식민 통치를 받고 있었

---

* 실제로 요셉의 경제 정책은 이집트에 국고를 탄탄히 하고 지방 실력자들에 부를 파라오에게 집중시켜 중앙집권에 기여했다고 한다.

기에 요셉은 능력으로 총리(경제 부총리?) 자리에 오를 수 있었고, 그의 경제정책의 결과 이집트 민족(지방 실력자들)은 경제적 타격을 받았다.

힉소스 정권이 무너지고 이집트 민족에 정권이 들어서자 요셉의 일족이 탄압을 받게 된 것도 그러한 이유 때문으로 보인다. 요셉이야기의 교훈은 역시 사람은 줄을 잘서야….

Joseph recognized
by his brothers-1789년 작

국고를 탄탄히 하는데 기여하는 것은 바람직한 일이지만 솔직히 '자진 납세'까지 하며 총대 맬 필요는 없다. 이왕 이루어진 '자진 납세' 대통령과 국회의원들을 믿을 수 밖에 없으니 마음 편하게 깡소주에 소고기나 사먹는 것이 남는게 아닐까 한다.

3. 정수(Essence)는 생존이다

"무리 어미들은 바위, 나무, 언덕이다. 그들은 바람에 맞선다. 힘을 추구한다. 나는 강이다. 강은 흐른다. 나는 정수를 추구한다."

"너는 왜 그렇게 정수 수집에 집착하지?

새로운 정수가 있으면 힘에 세지니까?"

"힘은 함정이다. 무리 어미들은 그 함정에 빠졌다."

"정수는 변화다. 변화는 생존이다. 수집을 해야 생존한다. 가만히 있으면 죽는다."

– Starcraft 2 : 군단의 심장 캠페인 중에서

파생상품에 대한 전문적 지식을 가지고 투자하던 미국에 글로벌 IB들은 바로 그 파생상품 지식 때문에 리스크 관리를 무시했고 결국 2008년 금융위기 속에서 파산하게 되었다. 하지만 파생상품에 대해서 잘 알지 못하던 중국과 아시아의 금융사들은 금융위기에 파고 속에서 살아남았다. 금융위기 기간 동안 아시아 금융사들이 가진 유일한 경쟁력이 바로 '무식'이었던 셈이니 살면서 때로는 '모르는 게 약'인 경우도 있는 법이다.

금융상품을 대규모로 구매할 능력이 있는 고객은 금융사에서 HNW(High Net Worth) 고객으로 분류된다. 이는 금융상품 구매력, 즉, 힘이 있다는 것을 의미한다. 이들을 대상으로 30년 만기 국채 등 다양한 안전자산들에 마케팅이 집중되었고 그 결과는 이미 알고 있는 바와 같다.

'VIP를 대상으로 수익을 창출하는 것'. VIP서비스의 1차 목적.

참으로 당연하지만 아무도 입에 올리지 않는 자본주의에 불편한 진실.

그래도 힘을 가지고 싶나?

본인이 스스로 통제할 수도 없을 정도의 힘을?

함정에 빠지고 싶다면 그것도 나쁘지 않을 것이다.

4. 특단의 조치

새누리당에 박근혜 대표는 대통령에 취임한 후 엠비 각하를 능가하기 위해 특단의 조치를 취한다.

금융소득종합과세 기준 2000만원 합의(상보)(머니투데이 2012년 12월)

금융소득 종합과세 기준을 4000만원에서 2000만원으로 하향조정. 이자율을 연 3%로 가정하면 과거에는 13억-14억에 달하는 금융자산 보유자들이 신경 쓰던 금융소득 종합과세가 약 6억 원 정도의 금융 자산을 보유한 중산층에게도 부과되는 것이다.

"뼈 빠지게 노력해봤자 아무소용 없답니다. 뼈가 빠져버리니까요." - 게임 더 라스트 오브 어스(The last of us) 중 엘리의 농담

이로 인해 30년 만기 국채, 브라질 채권 등 해외 채권들이 절세를 내세우며 큰 인기를 끌게 되었다.

게다가 특단의 조치는 그게 전부가 아니었다.

직장인들 "서민에게 세금 더 거두나" 불만 폭발(서울경제 2013년 6월)

위 기사 내용 중 일부를 통해 우리는 박근혜 대통령의 또 다른 특단의 조치를 깨달을 수 있다….

바로 여기.

김예나 삼성증권 세무전문연구위원은 "앞으로는 절세 혜택을 누리는 것이 쉽지 않다"면서 "비과세를 기대하기보다는 수익성 높은 투자처를 선호하는 고액 자산가가 늘어날 것"이라고 말했다. - 직장인들 "서민에게 세금 더 거두나" 불만 폭발(서울경제 2013년 6월) 중에서

5. 토끼몰이

현재 국내에는 약 800조에 달하는 사상 최대 수준에 유동성이 존재한다.

현대硏 "단기부동자금 767조8000억원, 사상최대" -파이낸셜 뉴스 2013년 7월

사상 최대 단기 부동자금이 형성된 가운데 안전자산 버블 붕괴, 정부에 절세 혜택 축소….

토끼 몰이!!

이러한 현실을 한마디로 정의한다면 뭐라고 할 수 있을까?

'토끼몰이'

그렇다면 사냥꾼은 과연 어느 쪽으로 토끼를 몰고 있을까?

6. 위험자산 투자의 시대

정수를 수집하는 이들이 우주 저편에 있다면 지구에는 정보를 수집하고 이를 바탕으로 합리적인 선택을 내려야 하는 인간들이 있다. 우주에서도, 지구에서도 힘은 결국 함정이다.

앞서 수집된 정보들을 취합해보면 2013년 말 현재는 절세보다는 투자수익에 관심을 가져야 할 때라고 본다.

원금 대비 이자 및 배당률 3%를 가정했을 때 금융소득 종합과세 2000만원을 넘기는 금융자산 규모는 6억 원.(6억*3%=2000만원). 고로 금융소득 6

억 이전에는 예금, ELS, 채권 등 안전한 자산을 통해 모은 사람들이나 위험자산을 통해 6억을 만든 사람이나 차이가 거의 없을 것이다. 하지만 6억이 넘어가서도 안전자산 위주로 자금을 움직이다보면 '금융소득종합 과세 2000만원'이라는 장애물에 직면하게 된다.

그리고 '금융소득종합과세 2000만원'은 금융자산 약 14.6억 대까지 장애물로 남을 것이다. 2014년 2월 20일 자 매일경제신문에 따르면 코스피의 배당률은 1.37%. 코스피 시장에 금융자산을 투자할 경우 금융 자산 약 14.6억 대가 되어야 배당 소득 2000만원이 발생(14.6억×1.37%=2000 만원)하게 된다.

"어서 와. 금융소득 종합과세는 처음이지? 6억 모으느라 수고 했어. 지금은 좀 그래도 앞으로 계속 내다보면 괜찮 을꺼야. 지금 5억 모은 친구들 빨리 6억 채워오라고 전해 줘. 증권거래세도 올릴까 생각 중인데… 힘들지? 괜찮아. 자꾸 힘들다 보면 괜찮을꺼야."

즉, 6억 이상 금융 자산을 모을 생각이 있는 사회초년생들은 사회생활 을 시작할 때부터 꾸준히 투자 경험을 쌓고 위험자산 투자를 통한 수익 창출 능력을 키워야 '마의 금융자산 6억-14.6억 대'를 돌파해야 할 수 있는 시대가 온 것이다.

중산층 수준에서 금융소득종합과세 걱정을 해야 하는 이 현실은 솔직히 뭔가 부조리하게 보인다. 하지만 쏟아지는 소나기는 피해야 한다. 그리고 어쩌면 이 소나기는 생각보다 오래갈 수도 있다.

박정희 정권이 만든 소비세는 정권이 무너지는 원인 중 하나였음에도 불구하고 계속 시행되었다. 노무현 정부가 시작한 행정수도 이전은 그에 반대하는 정권이 연속으로 2개가 들어섰음에도 불구하고 계속 진행되고 있다.

금융소득 종합과세 2000만원 시대. 어쩌면 박근혜 정부나 새누리당 정권보다 더 오래갈 수도 있지 않을까?

정권은 짧고 인생은 길다. 하지만 제도는 그 보다 더 길다.

2013 로스트 메모리즈(Lost Memories) -해외 편(중국)

(고객 전용/ 2013년 8월 6일)

1. 나비효과

맑게 개인 하늘에서 날아드는 나비의 날개 짓은 바
라보는 이의 깊은 시름들을 한줄기 바람과 함께
날려버리는 듯 하다. 최장기간 동안 이어진 장마
속에 지친 몸과 마음은 끈적끈적한 습기와 같이
가라앉는다. 장마가 막바지에 이른 요즘 가끔 펼
쳐지는 맑은 하늘을 바라보며 작은 날개 짓에 잠시나마 시름을 잊고 싶
은 것은 나만의 생각이 아닐 것이다.

모두들 꿈 속에서 나비가 되어 노닐던 장자의 말대로 때로는 나비가 나인
지 내가 나비인지 잠시나마 잊을 수 있는 여름휴가를 보냈기를 바래본다.

그런데, 보는 사람의 시름을 날려버린 아름다운 나비의 날개 짓.

그것이 또 다른 누군가에게 걱정 꺼리가 될 수도 있지 않을까?

카오스 이론에서 말하는 나비효과는 초기 조건의 민감한 의존성에 따른
미래결과의 예측불가능성을 의미한다. 때문에 이는 시공간을 가로질러
어떤 하나의 원인이 다른 결과를 초래하는 과정을 과학적으로 예측할
수 없다는 말이기도 하다.

나비효과를 한 문장으로 설명한다면 '베이징의 나비가 날개 짓을 하면
뉴욕에 폭풍을 일으킨다'고 할 수 있다.

그리고 작년 쯤 베이징 하늘을 수놓던 나비들에 날개 짓은 황해 건너 한
반도는 물론 태평양과 대서양 넘어서 까지 폭풍을 일으키고 있다.

2. 응답하라 2013 중화인민공화국

과거에 발간된 '응답하라 1989 대한민국(From China)'를 통해 중국의 성장 동력이 자본재에서 소비재로 이행하고 있음을 알 수 있었다.

그리고 이러한 변화는 최근 중국에 2인자 리커창 총리가 고도성장이 아 닌 지속 가능한 적정 성장을 목표로 하고 디레버리징과 산업 구조조정을 실시한다는 곳을 골자로 하는 리커노믹스(Likenomics)를 발표하면서 더욱 구체화 되고 있다.

일부에서는 이를 레이거노믹 스와 비교하고 있지만 개인적 으로 80년대 신 자유주의 경 제정책인 레이거노믹스와 이를 동일선상에서 비교하는 것이 합당한지는 의문이다.

대처의 죽음을 축하하는 영국인들

중국이 감세를 하는 것은 탄탄한 재정이 뒷받침 된 상태에서 민간의 경 제활동을 활발히 하기 위함이며, 민영화를 하는 것은 국내 자산의 70% 를 국가가 소유하고 있는 상황 속에서 시장경제로 이양을 위한 과정이 며, 구조조정은 한국과 일본을 따라잡기 위해서 성장산업을 육성하기 위 한 것이지 공공의 재산을 재벌에게 팔아먹는 것과는 전혀 다른 문제다.

최근 중국에서 노조활동이 허용되고 최저임금이 상승하는 현상에 대해 서 보수 신 자유주의자들은 과연 뭐라고 대답할 것인가.

<한국인에 논리력 류 甲>

1. 라면을 잘먹는다.

   살찐사람 - 그렇게 라면을 좋아하니깐 살이 찌지.

   마른사람 - 그렇게 밀가루만 먹으니깐 말랐지.

2. 편식을 한다.

   살찐사람 - 그렇게 편식하니깐 살이 찌지.

   마른사람 - 그렇게 편식하니깐 말랐지.

3. 술을 먹는다.

   살찐사람 - 맨날 술만 먹으니깐 살이 찌지.

   마른사람 - 맨날 술만 먹으니까 살이 안찌지.

4. 군것질을 한다.

   살찐사람 - 맨날 군것질만 하니깐 살이 찌지.

   마른사람 - 맨날 군것질만 하니깐 살이 안 찌지.

5. 음식을 빨리 먹는다.

   살찐사람 - 그렇게 빨리 먹으니까 살이 찌지.

   마른사람 - 그렇게 급하게 먹으니까 살이 안 찌지.

6. 컴퓨터를 한다.

   살찐사람 - 그렇게 컴퓨터만 하니까 살이 찌지.

   마른사람 - 그렇게 컴퓨터만 하니까 말랐지.

그러한 정치적 아전인수는 우리에게 전혀 중요하지 않다. 진정 중요한 것은 중국이 왜 이 시점에 긴축정책을 사용하는지 그리고 그것이 금융시장에 미칠 영향이다.

과거의 중국을 한 단어로 정의하자면 '세계의 공장'이라고 할 수 있다.

중국의 저렴한 노동력을 활용하려는 글로벌 기업들에 투자가 줄을 이었고 중국은 이를 토대로 급속한 경제 성장을 이룩했다. 또한 이를 통해 생산된 저렴한 제품들로 인해 전 세계에 '물가안정(Deflation)' 또한 수출하였다.

하지만 중국의 성장 동력이 투자에서 소비로 이행하고 리커노믹스가 구체화 되면서 중국은 새로운 시대를 맞이하고 있다. 그렇다면 리커노믹스는 중국에 그리고 세계 경제에 어떤 영향을 미치고 있는가?

3. 응답했다 1989 대한민국

2012년 10월 27일 작성된 자료 '응답하라 1989 대한민국'을 통해 이미 중국의 성장 중심이 소비로 옮겨가고 있음을 논한바 있다. 그로부터 약 1년이 지난 지금.

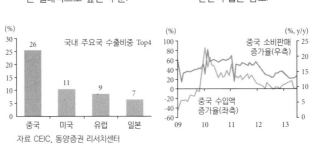

〈국내 수출경기 중국에 대한 의존도는 절대적으로 높은 수준〉   〈중국 소매판매증가율 양호한 확장, 반면 수입은 감소〉

자료 CEIC, 동양증권 리서치센터

베이징 하늘을 수놓던 나비의 날개 짓은 한국은 물론이고 전 세계를 뒤흔들고 있다.

중국은 국내 수출 경기에 대한 절대적인 영향력을 행사하고 있다. 하지만 중국의 소매판매증가율이 양호한 상황에서 한국 기업의 실적은 부진을 면치 못하고 있다. 그것은 그와 동시에 중국의 수입액 증가율이 제로가 가깝게 떨어지는 현실과 무관하지 않다고 본다.

소매판매는 꾸준하지만 수입증가율이 떨어진다는 것은 소비재 수요와 무관한 분야, 즉 자본재의 수입이 감소하고 있음을 의미한다.

<중국 산업 고도화 진행 :
IT와 자동차 산업 발전>

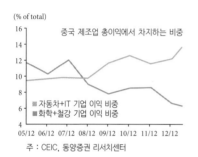

주 : CEIC, 동양증권 리서치센터

<중국 산업 고도화 진행 :
3차 산업 비중 확대>

한국의 주력산업은 반도체, 철강, 기계, 화학 등으로 원재료를 수입하여 가공하여 수출하는 가공무역의 비중이 증가할 때 성과를 내는 산업들이다.

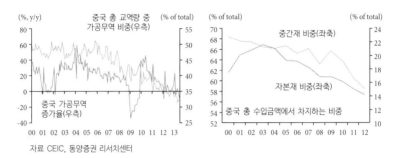

〈중국 가공무역 비중 50%에서
30% 초반까지 하락〉

〈중국 중간재와 자본제
수입 비중 감소세〉

자료 CEIC, 동양증권 리서치센터

향후 증시에 주도주들 역시 기존에 성장을 이끌던 자본재와 소재보다
소비재에서 나올 가능성이 크고 그들은 중국에서 어필할만한 브랜드 파
워, 유통망을 가진 기업들일 것이다.

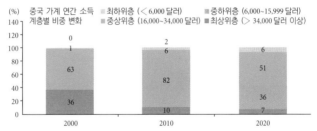

〈중국 연간 가계 소득 최상위층과 중상위층이 빠르게 성장할 것으로 전망〉

자료 : Mckinsey Insights China Meet The China Consumer of 2020, 동양증권 리서치센터

과거 자료에서 언급했듯 중국은 응답했다. 저소득층이 중산층으로 자
리잡고 중산층에 일부는 최상위층으로 부상하고 있다. 중산층이 무너
지며 보수화되는 개판 오 분전 대한민국과 비교가 되어도 이렇게 비교
될 수가….

단기적으로는 많은 어려움이 있겠지만 길게 보면 정말로 미래가 밝은 나라가 아닐 수 없다.

옆 동네에 경쟁국가는 정부가 집 투기 조장이나 하며 과거에 영광에 집착할 뿐 미래에 대한 비전 제시도 못하며 자멸하는데 중국은 정부가 집 투기는 억제함과 동시에 성장산업을 육성하면서 취약 산업에 대한 구조조정을 실시한다. 그것도 독일이나 미국에 보수들처럼 현 경기상황 무시하고 정치적 목적으로 긴축하는 것도 아니고 글로벌 경기가 막 살아나려는 지금 이 시점에…. 이런 게 바로 신의 한 수는 아닐까? 이런 신의 한 수를 실패한 레이거노믹스라 부르는 건 말도 안 된다.

〈호주 달러/미국 달러 차트. 통화가치의 하락이 눈에 띄게 심각함〉

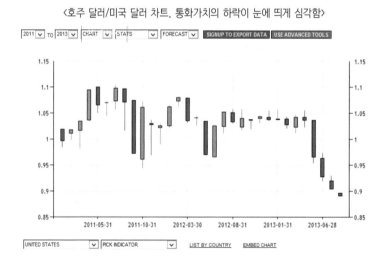

중국을 살리는 리커노믹스에 유탄을 맞고 쓰러진 또 다른 나라가 있었으니 바로 호주.

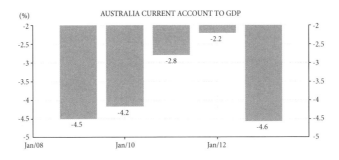

〈호주의 연간 경상수지 적자 행진〉

AUSTRALIA CURRENT ACCOUNT TO GDP

중국의 성장동력이 소비로 옮겨가면서 원자재 수요가 줄어들고 있는 현실
은 원자재 수출 비중이 높은 호주 경제에 직격탄이 된 것이다. 게다가 미
국의 경기 회복으로 인한 강 달러 시대의 개막은 호주를 포함한 원자재
수출국들에게 지옥을 선사해주기에 부족함이 없는 상황이다.

하지만 이상한 일이 벌어지고 있다. 이러한 가능성의 나라를 뜨고 싶어하
는 사람들이 늘어난다는 것이다. 한국같이 스스로 자멸하는 나라에서도
어거지로 버티는 사람들도 있는데 말이다.

한국에서 많은 사람들은 말한다. 돈만 있으면 어디서나 살기 좋다고.
아마 본인에게 누가 1000조원의 돈을 준다면 마다할 사람이 없을 것이
다. 하지만 1000조 원의 돈을 주는 조건이 아프리카 오지에서 부시맨들
이랑 죽을 때까지 사는 것이라면 과연 몇 명이나 그 돈을 받을까?

결국 돈 많으면 살기 좋다는 말은 어디에서나 통용되는 말은 아니다.
그건 그 돈으로 구입할만한 재화와 사회적 인프라의 공급이 원활할 될
때 해당되는 말이다. 그렇지 못한 개발도상국에서 현지 물가 기준으로
최상류층 레벨에 들어오게 되면 돈이 아닌 생활환경을 중시하게 된다.
강남에 집값이 떨어져도 해당 지역 주민들이 쉽게 그곳을 뜨지 못하는 이

유도 삶의 질 때문일지도 모른다. 돈만 많으면 어디서든 살기 좋다는 말이 참이라면 아무리 모르핀 투여해도 살아날 줄 모르는 강남 아파트를 왜 사람들이 쥐고 버틸 이유가 무엇일까? 강남 정도 수준에 삶의 질을 제공하는 지역이 그만큼 드물기 때문이 아닐까?

상류층과 중산층은 늘어나지만 중국 국내 브랜드들은 이들이 원하는 삶에 질을 충족시킬 만한 소비재를 공급하지 못하고 있다. 고로 고품질에 소비재들을 생산하는 국가와 기업들에게는 '황금에 제국'이, 자본재를 생산하는 국가와 기업들에게는 '배틀 로얄'이 기다리고 있다.

일본영화 '배틀 로얄'에 참여자들은 대부분 중산층 혹은 그 이하 출신 어린 학생들. 사회적 기득권을 가진 어른과 지배층들은 거의 참여하지 않고 있다. 마찬가지로 고품질 소비재를 생산할 수 있는 능력을 갖춘 기업들은 선진국들이며 자본재를 주로 생산하는 한국의 대기업들 중 이에 해당하는 기업은 상대적으로 드물다.

중국에 진출한 한국에 소비재 기업들은 중국 시장에서 선진국의 소비재 기업에게 이미 밀리기 시작하고 있고 이는 각국 증시가 차별화 되는 요인 중 하나이기도 하다.

우리는 '황금의 제국'으로!!! Go for it!!!

<미국 다우 지수>

<독일 DAX 지수>

우리는 배틀 로얄 개시!!!

<한국 코스피 지수>

<호주 ALL ORDS>

"죽지 마라! 반드시 살아 돌아가라! 이것이 황산벌에서의 마지막 명이다!" - 출처:
MBC 드라마 계백

내수 규모가 작다는 이유로 내수를 우습게 알던 나라가 처한 냉정한 현실 이다. 수출 재벌에 언론플레이에 놀아나지 않고 내수를 탄탄히 했다면 지금쯤 경쟁력 있는 소비재 기업들이 국내에서 충분히 대기하고 있다가 '황금의 제국'으로 나갔을텐데 자본재 생산하는 수출 재벌들 언론플레이에 놀아나 내수를 우습게 알던 한심한 지도자들과 그들을 지지한 국민들. 모든 잘못된 선택은 반드시 그 대가를 치루게 되어 있다.

어쩌면 배틀 로얄에서 기업들 목숨이나 건지게 하는 게 경제 측면에서 현 정부가 남길 수 있는 유일한 치적일지도 모른다.

"죽어서 가죽을 남기고 사람은 죽어서 이름을 남긴다, 하지만 뭐라도 하나 남겨야 하지 않겠나? 난 널 남기고 싶다." -영화 '황산벌'에서 계백 장군

계백 장군의 황산 싸움
-전쟁기념관 기록화

결국 국내 증시에 투자 유망 업종 및 종목은 황산벌 전투에서 끝까지 살아남은 '거시기(이문식)'와 같은 종목이 될 수 밖에 없다. 그리고 '거시기 종목'이란 중국인에 니즈에 맞는 소비재를 수출하는 기업과 탄탄한 유통망 및 브랜드 파워를 구축한 기업이다.

차라리 잘 된 건지도 모른다. 지수를 구성하는 대형주들이 대부분 지지부진한 가운데 국내에 얼마 안 되는 좋은 소비재 기업이 중국에서 성과를 거두면 시장에 매수세가 집중될 것이다. 그리고 주가는 토네이도와 같이 한층 더 강력하게 상승하게 될 가능성이 크다.

거시기 종목의 미래를 보여주는 듯한 토네이도의 포스. 참 거시기하다.

거시기 종목 락앤락, 깨끗한나라, 제로투세븐, 보령메디앙스, 아가방컴퍼
니, MPK, 휠라코리아, SK하이닉스(중국 국내 스마트 폰 업체들의 주요 D램 공급자)
그 외 컨텐츠, 문화 모바일 게임, 엔터 업종

4. 선택과 집중

명량 대첩 당시 진도 앞바다를 메운 왜선.
133척 vs 12척.

잘못된 경제 정책 속에서 배틀로얄이 예정
된 한국 수출기업의 미래는 바로 이와 같
다. 그리고 우리에게는 안타깝게 이순신 장
군 같은 분도 없다. 그렇다면… 우리 앞에

회본태합기(絵本太閤記
에혼타이코키)'에서 나오는
명량 해전

는 결국 장렬하게 싸우다가 계백장군 같이 전사하는 길 외에는 없는 걸
까?

잘못된 작전으로 인해 적에 포위망에 걸려든 상황. 시간이 갈수록 포위
망은 두터워지고 물자는 떨어져 간다. 무기도, 식량도 부족하다. 지원군
온다는 보장이 없는 가운데 병사들 사이에서는 본대가 여기를 이미 포기
했다는 소문까지 돌고 있다. 그리고 아마 실제로도 그럴 것이다. 원래 병
력을 중요하게 생각하는 인간들이면 이런 말도 안 되는 작전을 계획하지
도 않는다.

이런 답 안 나오는 상황의 해결책은 아주 간단하다.

그냥 이기면 된다.

너무 심플한가? 이렇게 포위 되어 답이 안 나오는 상황에서는…. 그냥
적을 이겨버리면 된다. 적이 얼마나 많든 얼마나 강하든 이겨버리면 뭐가
걱정이란 말인가?

이순신 장군 표준 영정
백성을 사랑하는
자애로운 모습

"그 분이 오셨어요!!"

한국 조선업 호황 다시 올까….
친환경·고효율 '에코십(Eco-Ship)'으로 재도전
-매일 경제 2013년 4월

옥포해전

"감히 나와 수주 경쟁을 하다니…. 버러
지 주제에 건방지구나!!!"
상반기 세계 조선 발주량 40%↑. 불황 탈출 -
이데일리 2013년 7월

충무공 명량 대첩도

"초대형 컨테이너선+친환경 선박 콤보 작
렬!!!"
"2만TEU급 시대 열린다".
불붙는 '초대형 선박' 경쟁
-머니투데이 2013년 6월
친환경 천연가스 연료 선박 선보이다.
-새 거제신문 2013년 6월

"내가 바로 진정한 한중일 삼국무쌍이다!!!*"

〈100엔 돌파-기업비상〉

현대重 "日 조선사 경계 안 해" -연합뉴스 2013년 5월

中 최대 민영조선사 인력 40% 감원 '충격' -파이낸셜 뉴스 2013년 7월

조선정벌기 속 이순신 장군
(1854년 일본 금행사 출판).
장비+여포 포스

"이제 없는 것이냐? 나에게 도전하는 놈은!"

삼국무쌍 종목 : 현대중공업, 현대미포조선, 삼성중공업, 대우조선해양 등, 조선 부품 주

-성광벤드, 동성화인텍, 한국카본 등

광화문에
이순신 장군 동상

---

* 李舜臣 單騎而破胡虜之賊 이순신은 혼자 힘으로써 능히 오랑캐(여진족)과 적병을 무찔렀다. 兵及于和兵之至而爲全羅水軍節度使造龜甲船 병졸은 단합시켰고 전라수군절도사로 귀갑선을 제조했다. 忠勇冠于雞林 충성스럽고 용맹함은 계림(한국의 별칭)에서 가장 뛰어났다

5. 우리의 선택

누구나 적을 만난다면 두 가지 선택지가 주워진다.

첫째, 대세를 따른다.

물론 지금의 흐름을 정말 거스를 수 없다면 때때로 대세를 따르는 것도 필요하다. 사람들은 강한 자가 살아남는 게 아니라 살아남는 자가 강한 것이라고들 한다. 장렬하게 전사한 계백보다 악착같이 살아남은 거시기 종목들 같이…

둘째, 맞서 싸운다.

충분히 이길 수 있다면 누구나 맞서 싸울 것이다. 강한 자는 싸워 이김으로서 살아남는 것이다. 진정한 한, 중, 일 삼국무쌍이라면…. 대결을 피할 이유가 없다.

 첫 번째도 좋고 두 번째도 좋다. 둘 다면 더 좋다.

모두가 회의적일 때 위험자산에 투자하는 현명한 투자자 대한민국 1%. 바로 당신의 선택이라면….

🌿 2013 로스트 메모리즈(Lost Memories) -해외 편(미국)

(고객 전용/ 2013년 8월 25일)

1. 분신사바 분신사바

글로벌 금융위기의 원흉이라는 비난 속에서 달러를 긴급 수혈 받으며 버텨온 미국. 하지만 하원을 장악한 보수 공화당에 횡포 아래 흘러나오는 음산한 소리.

재정절벽, 재정절벽 오디세이 그라세이~

재정절벽, 재정절벽 오디세이 그라세이~

재정절벽. 오셨나요? (○)

미국 정부. 영원히 문 닫아버릴까요? (?)

아인슈타인은 말했다.

'신은 주사위 놀이를 하지 않는다.(God does not play dice)'.

〈신의 주사위 놀이류 甲 - 어느 소개팅에서 생긴 일〉

남자가 말하길 "우리 밥 다 먹었으니 어디 갈까요?"

여자가 말하길

"어머, 남자가 소개팅 나오면서 어디 갈건지 뭘 먹을지 뭘 할건지 다 계획하고 나오시는거 아닌가요?

남자가 말하길 "내말 잘 들어, 내 계획엔 니 얼굴이 없었어."

그렇지만 결정적인 순간. 신이 주사위 놀이를 한다면 어떨까?

<미국의 천연가스 생산량과 셰일가스 비중 -자료 EIA>

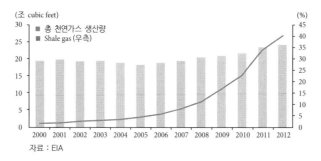

자료 : EIA

<미국 NGL 생산 추이>

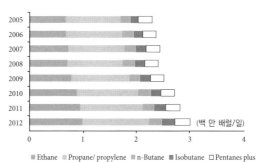

자료 : EIA

2005년 Barnett shale에서 연간 0.5 tcf의 천연가스를 생산하는 것에서 시작된 미국의 셰일가스 개발은 글로벌 금융위기를 거치면서 더욱 본격화 되었고 2012년에는 미국 내에서 생산되는 천연가스에 40%를 차지하게 되었다.

〈미국 에탄, 프로판 및 천연가스 가격〉

자료 : Bloomberg

〈중동/미국 프로판 가격〉

자료 : Bloomberg

세일가스 개발로 인한 천연가스 가격 하락은 그에 연동되는 다양한 석유화학 제품에 가격을 안정시켰다.

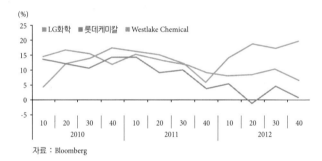

〈미국vs.한국 석유화학 업체 영업이익률 비교〉

자료 : Bloomberg

메탄은 물론이고 에탄, 프로판, 부탄, 펜탄 등의 생산도 증가하였으며 프로판의 경우는 중동에 비하여 가격 경쟁력까지 확보하게 되었으며 미국 석유화학업체의 경쟁력은 이미 수치를 통해서 증명되고 있다. 이는 세일가스 개발이 미국 내 물가 및 생산비용 안정은 물론이고 석유화학 산업의 활성화, 해외로 나간 미국 제조업의 본토 귀환을 통한 실업문제 해결 등 미국 경제 회복에 원동력이 되고 있음을 의미한다.

<미국 셰일가스 개발지역>

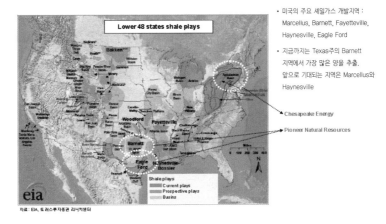

• 미국의 주요 셰일가스 개발지역 :
  Marcellus, Barnett, Fayetteville,
  Haynesville, Eagle Ford
• 지금까지는 Texas주의 Barnett
  지역에서 가장 많은 양을 추출.
  앞으로 기대되는 지역은 Marcellus와
  Haynesville

▶ Chesapeake Energy
▶ Pioneer Natural Resources

자료: EIA, 토러스투자증권 리서치센터

<미국 가스 액화 설비 -자료 Oil&Gas Journal>

1. Freeport LNG Expansion LP
2. Lake Charles Exports LLC
3. Cameron LNG liquefaction
4. Gulf LNG
5. Sabine Pass LNG terminal
6. Golden Pass Products LLC
7. Gulf Coast LNG Export LLC
8. Excelerate floating terminal
9. Corpus Christi Liquefaction LLC
10. Main Pass Energy Hub LLC
11. Jordan Cove Energy Project LP
12. Oregon LNG
13. Dominion Cove Point
14. Elba Island terminal

자료 : Oil & Gas Journal

셰일가스의 산지와 가스 액화 설비는 대부분 미국 중부와 남부에 몰려
있다. 그리고 미국 서부와는 로키산맥이라는 천연의 장애물이 있다. 따
라서 이를 아시아-태평양 지역으로 운송하기 위해서는 초대형 가스 선이
필요한데 이 가스 선을 통과시키기 위해서 현재 파나마 운하 확장 공사
가 진행 중이며 공사가 마무리 되는 2015년에는 미국산 셰일가스의 수
출이 활성화 되어 국내 도시가스 가격 안정에 기여할 수 있을 것으로 보
인다.

모든 것은 완벽하다. 미국 경제가 살아나면 주가도 오를 것이고 셰일가스 들어오면 냉난방비도 조금은 내려갈 것이다. 사상 초유에 원전부품 위조 사태로 인한 블랙아웃 걱정 하느라 고생한 시간도 수많은 추억(사실은 추한기억)으로 남을 것이다.

희망에 찬 미래를 기대하며 바라본 하늘. 푸르른 하늘 위로 아름다운 나비 한 마리가 나에게로 날아든다.

2. 아직도 내가 나비로 보이니?

맑게 개인 하늘에서 날아드는 나비의 날개 짓은 바라보는 이의 깊은 시름들을 한줄기 바람과 함께 날려버리는 듯 하다. 최장기간 이어진 장마 속에 지친 몸과 마음은 끈적끈적한 습기와 같이 가라앉는다. 장마가 막바지에 이른 요즘 가끔 펼쳐지는 맑은 하늘을 바라보며 작은 날개 짓에 잠시나마 시름을 잊고 싶은 것은 나만의 생각이 아닐 것이다.

모두들 꿈 속에서 나비가 되어 노닐던 장자의 말대로 때로는 나비가 나인지 내가 나비인지 잠시나마 잊을 수 있는 여름휴가를 보냈기를 바래본다. 그런데 보는 이의 시름을 날려버린 아름다운 나비의 날개 짓은 마치 어디선가 본 것과 같은 장면이다.

혹시 저 친구 저번에 베이징에서 날아다니던 바로 그 친구 아닌가?

해골 나방 : 유럽에서는 전쟁, 역병, 죽음을 상징한다.
출연 작 : 양들에 침묵

아직도 내가 나비로 보이니?

해골 나방은 벌집에 침입하여 방금 태어난 여왕벌이 내는 소리를 낸다. 입구를 지키는 보초와 일벌들 모두 그 소리에 빠지지 않을 수 없으며 그 사이에 해골나방은 꿀을 배터지게 먹는다. 시간이 지나 일부 일벌들이 이 침입자를 공격하지만 해골나방은 벌침에 면역력을 가지고 있을 뿐만 아니라 날개 짓 하나 만으로 벌들을 쓸어버린다. 그리고… 결국 벌집까지 통째로 먹어 치운다.

셰일가스 광산 위로 보이는 해골나방들. 그들은 무엇을 말하고 있는 것일까?

3. 골디락스의 귀환

1990년대 미국에서 방영된 휴먼 드라마 '골디락스 : 저물가, 저실업 그리고 고성장'.

당시 많은 사람들을 감동의 도가니로 몰아넣은 불후의 명작. IT혁명을 통한 생산성 향상을 통해 미국은 연 평균 4%의 성장을 기록하며 세계 금융시장의 블랙홀로 변신하였다.

강한 달러는 미국의 구매력을 더욱 강화시켰고 아시아 국가들에 대한 무역수지 적자에 대한 우려로 인해 90년대 초 '수퍼 301조의 발동' 등

보호무역주의에 발동으로 이어졌다.

이 과정에서 당시 국내 수출 기업의 주가가 바닥을 모르고 추락하는 와중에 경기선행지수가 상승하는 기현상이 벌어지기도 하였다.

2014년 방영 예정인 '금발머리 소녀의 재림 : 내 이름은 골디락스 (Goldilocks)'는 과연 당시의 감동을 재연할 수 있을까? 많은 사람들은 당시에 느꼈던 감동을 잊지 못하고 있으며 '건축학개론', '응답하라 1997' 등 그 때를 배경으로 한 다양한 컨텐츠들이 히트를 쳤다.

당시의 아름다운 추억을 기억하는 것 그것만으로도 열대야와 경기 침체에 지친 투자자들에게 정말 흐뭇한 일이 아닐 수 없다. 아무리 힘들고 거지같던 시절이라 해도 누구에게나 과거는 아름답다. 그 이유는 그 과거가 현실에 되풀이 되지 않기 때문이다. 마치 공포 영화에 괴물을 보고 즐길 수 있는 것이 그것이 영화라고 생각하기 때문이듯이.

그런데 그 영화에 괴물이 진짜 스크린 밖으로 나와 극장을 피바다로 만들어도… 과연 관객들은 그 영화를 즐길 수 있을까? 사람들이 그렇게 그리워 하는 1997년이 정말로 응답한다면….

과연 97년은 웃고 즐길 수 있는 추억 속에 한 순간에 불과할까?

우리는 오랫동안 잊고 있었다. 휴먼 드라마 '골디락스 : 저물가, 저실업 그리고 고성장'의 마지막 장면. 피비린내 나는 '외환 위기'를….

4. 90년대와 2010년대의 평행이론

〈90년대 미국 다우 차트〉

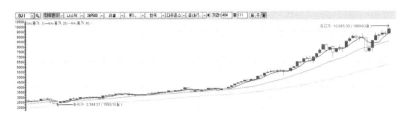

〈90년대 코스피 차트〉

IT혁명 속에서 고도성장을 하던 미국과 달리 한국은 이제 막 김영삼 정부가 정보통신부를 만들고 인터넷 산업에 대한 지원을 시작하고 있었다. 미국 같은 엄친아 국가가 성장성을 갖춰버린다면 글로벌 투자자들이 한국 등 개도국에 위험을 무릅쓰고 투자할 이유가 없어진다.

<2009-2013년 8월 미국 다우 차트>

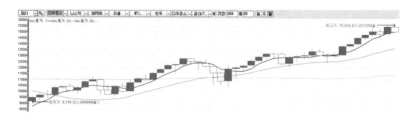

<2007년 8월-2013년 8월 코스피 차트>

한국 시장에 외국인이 본격적으로 활동하기 시작한 90년대이지만 글로벌 자금에 주 무대는 역시 미국 시장이었던 것이다.

<미국의 셰일 자원 개발 성공 요인 -자료 : 삼성증권 정리>

중국과 러시아는 물론이고 수많은 개발도상국에 역시 셰일 가스가 매장되어 있다. 하지만 셰일가스 채굴 기술인 수압파쇄법과 수평시추법 관련 특허는 미국 기업이 보유하고 있으며 탄탄한 파이프라인 인프라 및 자국 영토에 대한 지질학적 특성에 대한 체계적인 데이터를 확보하고 있는 나라는 미국뿐이다.

또한 미국을 제외한 대부분의 국가에서는 지하에 매장된 광물에 소유권은 토지 소유주가 아닌 국가에게 귀속되게 되며 이 과정에서 토지 보상을 둘러싼 정치적, 경제적 갈등이 벌어질 가능성을 배재 할 수 없다.

결국 셰일가스는 미국을 중심으로 개발될 수 밖에 없고 미주 지역을 중심으로 우선 유통될 가능성이 크다.

안타깝게도 한국 기업들은 2013년 8월 말 현재 셰일가스 개발에 필요한 기술을 보유하지 못하고 있다. 한국 업체들 중에서 수평시추법을 시행할 수 있는 기업은 없으며 후에 기술 개발에 성공한다고 해도 미국에 특허 공세와 보호무역주의 속에서 악전고투 해야 한다.

결국 미국과 이머징 국가와의 펀더멘탈 차이는 넘사벽으로 벌어질 것이고 이러한 실질적인 경제환경의 격차는 달러 강세로 이어질 수 밖에 없다. 달러 강세가 원화 강세를 방지하기 때문에 수출기업에 이롭다는 말은 옛날 투자상담사 시험에나 나오는 소리고…. 정작 달러가 강세였던 90년대는 외환위기로 마무리 되었다는 것이 바로 역사적 팩트. 즉, '강력한 평행이론을 일으키는 과거'가 아닐까?

2013년 8월 현재 인도, 인도네시아에서 유동성이 이탈하면서 외환위기 가능성이 제기되고 있다. 외환위기를 경험한 나라들에서 대부분 강력한 주가 상승이 일어나는 것은 바로 그 때문이다.

외환위기를 겪은 국가들은 일반적으로 보수화 된다. 경쟁논리가 판을 치고 구성원 간 스펙 경쟁이 심화된다. 모든 사회 문제의 원인은 스펙 경쟁에 낙오한 개인의 잘못으로 돌아간다. 이러한 사회 분위기는 기업의 부실을 떠 안은 국가와 개인의 부실의 정리를 가로 막는다. 사회가 아무 책임을 지지 않는 상황에서는 사회 개혁을 외치는 목소리들이 힘을 잃게 마련이니까.

그리고 부실을 떠넘긴 기업들의 힘은 강해지고 기업에게 장악당한 국가와 경제적으로 몰락해버린 개인들은 결국 다음 경제 위기에 희생자가 된다. 2008년 이 후 빈민층으로 몰락이 진행중인 하우스 푸어의 양산은 그러한 흐름에 연장인 것이다.

개인과 정부에 쌓여있는 부실과 함께 맞이한 2010년대. 과연 '강력한 평행이론을 일으키는 과거' 는 되풀이 될 것인가?

5. 셰일가스 산업의 수익구조가 금융시장 및
   한국 경제에 미치는 영향

<미국 무역수지 적자 / 제조업 신규 취업자 수 / 구매 관리자 지수(PM)>

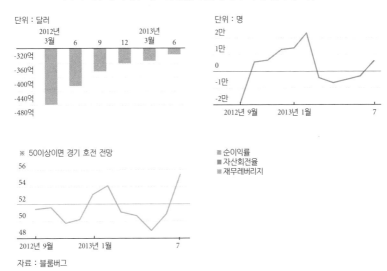

자료 : 블룸버그

최근 인도, 인도네시아에서 유동성이 이탈하면서 외환위기 가능성이 제기되고 있다. 이러한 급격한 유동성 이탈에 배경에는 바로 미국의 급격한 제조업 경쟁력 회복이 있으며 이는 셰일가스에 의해서 더욱 가속화 되고 있다. 따라서 셰일가스에 수익구조를 파악하는 것은 향후 투자 시나리오를 구상하는데 중요한 요소라 할 수 있다.

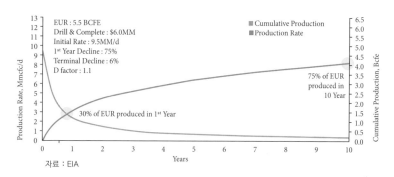

〈셰일가스 개발의 decline curve −자료 : EIA〉

EUR : 5.5 BCFE
Drill & Complete : $6.0MM
Initial Rate : 9.5MM/d
1st Year Decline : 75%
Terminal Decline : 6%
D factor : 1.1

■ Cumulative Production
■ Production Rate

75% of EUR produced in 10 Year

30% of EUR produced in 1st Year

자료 : EIA

셰일가스에 decline curve는 원점에 대하여 오목한 형태를 띠고 있다. 즉, 개발 성공 초기 1년 안에 전체 매장량에 30%~50%를 채굴하게 되고 그 이후 낮은 생산량을 유지하게 된다.

우리 주변에는 이러한 수익구조를 가진 대표적인 업종이 있다. 모든 집안, 모든 동네에 한 명 이상 꼭 종사하던 그 업종. 금융은 금융인데 금융치고는 대접을 좀 못 받는 업종.

그 업종에 수익구조와 영업행태를 이해한다면 셰일가스가 미칠 영향 및 셰일가스 관련주에 주가 흐름에 대한 인사이트를 얻을 수 있을 것이다.

그 업종은 바로 생명 보험.

선 지급 수수료가 높은 생명보험 영업의 수익 구조는 셰일가스와 놀라울 정도로 흡사하다.

생명보험의 영업활동력은 전 금융권을 통틀어 가장 활발하다. 증권사나 은행의 지점영업은 단일상품 매출이나 거래 수수료가 초반에 많이 나올 가능성이 낮다. 하지만 선지급 시스템이 있는 생명보험은 다르다.

생명보험협회가
입주한 충무로
극동빌딩

소멸성 내지는 1년 정도에 단기적 보험을 주로 취급하는 손해보험과 달리 생명보험은 선 지급 시스템이 발달되어 있다. 고객을 장기간 유지할 경우 지급되는 유지 수수료의 비중은 낮고 원래 나누어서 주어야 하는 수수료를 미리 땡겨서 초반에 지급하는 것이 생명보험의 선지급시스템이다. 즉, 셰일가스 관련주=생명보험 설계사라고 보면 이해하기 쉽다.

A. 관련 종목에 투자는 어떻게?

셰일가스를 직접 개발하는 업체들은 대부분 미국 기업들이다. 현재 관련 기술, 특허, 제도, 노하우, 매장지역 모두 미국이 우위를 보이고 있으며 NYSE나 NASDAQ에 상장기업일 가능성이 크다.

그러한 수익구조를 가진 기업은 기존 비즈니스에 안주하기보다 신규 사업에 적극 진출을 하려 하고 만일 성공할 경우 비약적인 수익성 개선이 나타난다. 사업이 성공할 경우 초기 1년 안에 그 모든 비용을 한 번에 만회할만한 수익을 내는 비즈니스는 많지 않다. 이는 주가에 반영될 것이고 호재가 터지게 될 경우 강력한 주가 상승이 일어날 가능성이 크다.

이익에 변동성이 크고 호재가 터질 경우 이익이 급증하는 셰일가스 개발 기업에 내부자들은 Front Running(선행매매)에 대한 유혹을 느낄 가능성이 크다. 따라서 미 금융 당국은 이들 기업들에 대한 면밀한 모니터링을 해야 하고 시장질서 교란행위를 엄단해야 할 것이다.

한국 투자자들이 이들 기업에 직접 투자하는 것은 이러한 수익구조와 이해관계를 감안하면 위험하다고 생각한다. 내부자 거래, 허위 및 과장 공시, 주가조작 등에 피해가 발생할 경우 미국의 SEC가 이를 조사 할텐데 미국 당국을 대상으로 자신들에 피해상황과 법적 책임 여부를 효과적으로 어필할 수 있는 투자자는 과연 얼마나 될까? 따라서 개인투자자의 직접 투자보다 전문가가 운용하는 금융상품을 통한 간접 투자가 바람직하다. 그럼에도 불구하고 직접투자를 할 시에는 예기치 못한 손실에 대비한 리스크 관리에 신경을 써야 한다.

가치투자적으로 본다면 셰일가스 시추가 일어날 때마다 수익을 반복적으로 발생시키거나 셰일가스에 필요한 운송 수단과 관련된 비즈니스를 하여 개발사업의 성패에 관계없이 매출을 일으킬 수 있는 종목이 바람직하다.

A-1 관련종목

- 수압파쇄법, 수평시추법 관련 파이프라인 관련 기업

  강관 업체 : 세아제강, 휴스틸, 현대하이스코, 금강공업 등

  ※ 2014년 2월 말 한국산 유정용 강관 제품 반덤핑 혐의가 무효로 판정되면서 국내 강관 업체들이 셰일가스 파이프라인 구축에 참여할 수 있게 되었다. 국내 유정용강관 수출량 가운데 99%가 미국향이라는 점. 그리고 한국을 제외한 다른 수출국(ex-중국)의 경우 3~111%의 예비관세율을 판정받았다는 점에서 셰일가스 열풍에 직접적 수혜를 받을 것으로 기대된다.

- LNG선 관련 주

  삼성중공업, 동성화인텍, 한국카본, 하이록코리아, 성광벤드, 태광 등

- 가스선 : KSS해운

B. 거시경제와 금융시장에 미치는 영향.

셰일가스의 이러한 수익구조는 적극적인 개발로 이어져서 셰일가스의 가채 매장량을 빠른 속도로 소진시킬 것이다. 즉, 미국의 셰일가스가 거시경제에 미치는 영향이 짧고 굵을 가능성이 크고 향 후 셰일가스 산업에 헤게모니는 중국 등 이머징 마켓으로 넘어갈 것을 것을 의미한다.

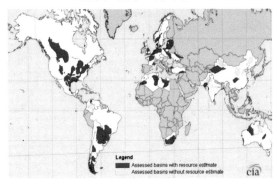

〈전세계 셰일가스 매장지 분포〉

이러한 셰일가스 열풍의 파괴력을 고려해볼 때 미국의 경기 회복세는 우리가 생각하는 것 이상 강력하고 테이퍼링의 마무리 및 금리 인상 시기도 우리의 예상보다 빨리 시행될 가능성을 배재해서는 안 될 것이다.

이미 7월 말 FOMC에서는 '연내 QE 축소, 내년 중반까지 QE 종료'라는 버냉키 의장의 계획에 대부분의 위원들이 찬성했고 양적완화의 기준이 되는 경제지표들도 기준을 하향조정할 것을 논의 했다고 한다. 보다 세부적인 안은 올해 9월(17~18일), 10월(29~30일), 12월(17~18일) FOMC 회의 중 결정이 될 예정이다.

세상만사가 그렇듯 누군가의 행복은 또 다른 누군가의 불행일 수도 있다. 미국 경제를 회복시킨 셰일가스 혁명에 유탄을 맞은 나라들에서는 위기의 조짐이 나타나고 있으니….

<인도네시아 루피화/달러 차트>

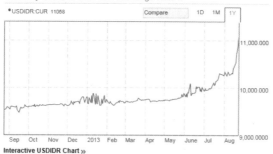

<인도 루피화/달러 차트>

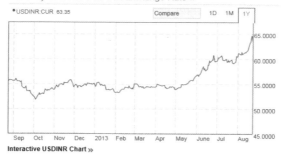

미국금융위기와 유럽 재정위기가 끝난 지 얼마 지나지도 않았다. 하지만
최근 인도, 인도네시아를 비롯한 이머징 마켓에서 금융위기를 방불케 하
는 유동성 이탈이 발생하고 있다.

고니 2008년에 200 포인트 빼도 위기 아니라던 새끼가 꼴랑 20포인트 빼 놓고 위기? 인도네시아 애들은 5-6개월 버틸 외환보유고 아직 있다던데? 한국 경상수지 흑자 보고 씨부리는 거지? 그리고 시장에 레버리지는 좀 쌓였냐? 니가 위기랄 때마다 지수 저 점 올라가는데 도 위기? 구라치다 걸리면 피 보는 거 안 배웠냐? 이 패가 금융위기 가 아니라는 거에 내 돈 모두하고 내 손모가질 건다. 쫄리면 뒈지시 던지.

아귀 이 CVR롬이 어디서 약을 팔어 ?

고니 CVR 천하의 아귀가 혓바닥이 왜 이렇게 길어? 후달리냐?

아귀 후달려? ㅋㅋㅋㅋ 오냐 내 돈 모두하고 내 손모가질 걸고 공매도 쳐 주지. 준비됐어 ? 까볼까 ? 자 지금부터 확인 들어가것습니다이.

따라라 따라라 따라라딴 쿵작작쿵작작 따라라리리리

선장 위기 아니네.

호구 금융위기 아니여?

아귀 내가 봤어 CVR 동남아에서 유동성 빠지는 거 똑똑히 봤다니께? EMBI 스프레드 올가고 인도네시아, 인도 환율 오르는 거 보라니께? 환율방어도 하고 있자나!!! 97년이랑 똑같은데 뭔 소리여!

고니 레버리지 안 쌓이고 경상수지 흑자일 땐 함부로 쏫치지 마라 이런 거 안 배웠어? 그러니까 요즘 쏫쟁이들 줄줄이 손모가지가 나가 지…. 뭐 하냐 니네 형님 손 모가지 안 찍고?

　　　　　　　　　　　　　　　　　　　　　　- 영화 '타짜' 중에서

<Hedge Funds Would Be Doing Great If They Weren't Shorting Stocks>

(헤지펀드들이 숏을 하지 않았다면 수익률이 더 좋았을텐데⋯.-2013년 8월 22일 비즈니스 인사이더)

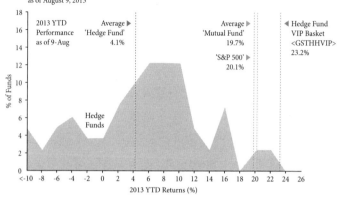

Exhibit 1 : 2013 distribution of hedge fund performance
as of August 9, 2013

〈한국의 버팀목은 차별적인 경상수지 흑자 기조 유지〉

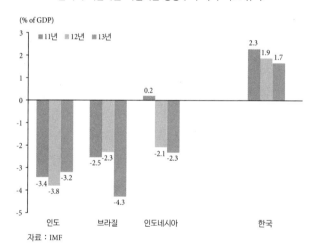

동남아시아의 위기론은 결국 찻잔 속에 태풍에 그칠 가능성이 크다. 그리고 한국은 경상수지 흑자를 유지하는 등 동남아보다 튼튼한 펀더멘탈을 가지고 있다. 하지만 이머징마켓에서의 대규모 유동성 이탈이 발생했다는 것은 간과할 문제가 아니다.

이는 셰일가스 혁명과 함께 도래한 강 달러 시대의 신호탄이자 이머징 마켓에서 금융위기가 발생할 수 있다는 경고등이기 때문이다.

2013년 로스트메모리즈(Lost Memories)(해외 편-중국)( )에서 언급했듯이 한국의 주력산업은 대부분 배틀로얄에 들어가게 되고 일부 산업들은 중국에 공세에 무너질 수도 있다.

<선행지수 및 동행지수 순환변동치 추이>

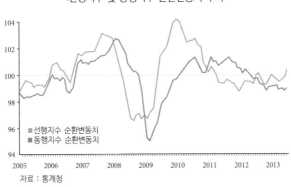

자료 : 통계청

경기 싸이클의 반등이 일반적으로 3년을 넘어갈 가능성이 낮고 94년 미국의 출구 전략 이 후 동아시아가 외환위기의 파고에 휩쓸린 것이 97년이었다는 점을 감안하면 잠재 악재가 현실화 되는 시기를 약 3년 정도로 추정할 수 있다.

축적된 레버리지+[후발주자와 경쟁 심화

➡ 한국 경상수지 악화]+달러 강세.

그리고 들려오는 진정한 레퀴엄(장송곡 : Requiem)···.

94년 미국이 출구전략을 실시한지 3년이 지난 97년. 누적되는 경상수지 적자 속에서 한국은 외환위기에 파고에 휩쓸렸다.

97년 외환위기가 거구에 씨름선수가 힘으로 밀고 들어오는 것이었다면 셰일가스라는 스피드 업그레이드 패치가 장착된 2016-2017년에는 태권도 선수가 격파를 하듯이 속도로 치고 들어올 가능성이 크다.

혹자는 말한다. 당시에는 고정환율제라서 환율 방어를 위해서 외환보유고를 급격히 소진되었지만 지금은 그렇지 않다고. 하지만 나는 말한다. 2008년에 우리는 변동환율제 하에서도 충분히 어려운 시기를 경험했고 그 과정에서 잘못된 판단을 내린 수많은 중산층들이 하우스푸어로 전락하여 빈민으로 추락중이라고.

만일 FRB의 예정대로 2013년 올 해 말 출구전략을 실시할 경우 그 시기는 2016년-2017년이 그 시기가 될 가능성이 높고 이는 현 박근혜 정부 임기 말 레임덕 시즌과 일치한다. 정권 말 레임덕이 가까이 올수록 금융당국은 더욱 면밀하게 금융시장을 모니터링해야 할 것이다.

1997년 외환위기 이 후 한국과 2013년 미국에 셰일가스 광산 위에 날아든 나비는 사실 '해골나방'이었으며 '부자감세, 경쟁, 스펙쌓기, 수출만능'이라는 사악한 울음소리를 내고 있다. 그리고 아직도 많은 벌들은 '해골나방'을 여왕으로 착각하고 있다.

외환위기 이 후 15년 째 울고 있는 양들은 과연 언제쯤 침묵할 것인가?

6. 맺음 말

어떤 사람들은 과거를 바꾸려 한다.

과거는 현재를 만드니까.

고로 과거가 바뀌면 현재도 바뀐다.

하지만 그들은 망각하고 있다.

그 역시 미래에서 보는 과거라는 것을.

또 다른 현재, 즉, 미래를 바꾸는 길.

'강력한 평행이론을 일으키는 과거'에 대한 기억.

그리고 그 과거를 되풀이 하지 않는 것.

과거를 잊은 자는 결국 그 과거 속에서 살게 될 것이다. -괴테

가치투자?
같이투자?

part 04
가치투자? 같이투자?

🌿 투자의 제왕 -워렌버핏의 귀환 (2012년 12월 30일 작성)

템플턴 그로스의 창립자인 존 템플턴은 금융시장 참여자들의 비이성적 기대로 인한 거품의 위험을 경고하기 위해 이렇게 말했다.

'세상에서 가장 비싼 4단어. 이번에는 다르다(This time is different)'

하지만 수많은 버블 형성과 붕괴의 반복에도 불구하고 '이번에는 다르다(This time is different)'는 말은 여전히 패왕색기를 발산하고 있다.

일각에서는 가치주의 시대가 끝났다는 다소 극단적으로 보이는 견해를 보이면서 경기 회복세가 나타나지 않고 있으며, 글로벌 디레버리징이 진행중이고, 국가성장 싸이클상 한국은 저성장국면에 진입했다는 점을 논거로 제시하고 있다.

그렇다면…. 정말 QE 3은 QE1, QE2와 다를 것이 없고, 가치주의 시대는 2012년 12월 말로 종말을 고한 것일까?

1. 어르신, 이번에는 다릅니다(This time is different).

A   어르신! 어르신!!! FRB 버냉키가 QE 3을 했답니다. 이번에는 경기
     좀 살아나겠지예?

B   QE? 다~~ 부질 없다 카드라~

     QE 하면 모하겠노? 통화량 늘어나겠지.

     통화량 늘면 뭐하겠노? 인플레이션 오겠지.

     인플레이션 오면 뭐 하겠노? 소고기 값 올라가겠지.

     소고기 값 올라가면 뭐하겠노? 다들 소고기 값 더 오르기 전에 소고
     기 빨리 사 묵겠지.

     다들 소고기 빨리 사묵는 시대 오면 우짜겠노?

A   원자재 가격 미친듯이 오르고 스태그플레이션 와서 저성장 되겠지
     요!!!!

B   아이다~ 안전자산 산 사람들 이진호 씨 말 들을 껄 하고~ 내년(2013
     년)에 깡소주에 소고기 사묵는다~.

     -(KBS 개그콘서트 '어르신' 중에서

정말로 어르신께서 말씀하셨듯이 QE3는 경기를 살릴 수 있을까? QE 2
의 약발이 끝나는 바람에 유럽 재정위기라는 악몽이 닥친 전철을 되풀이
하지는 않을까? 그리고 이진호 씨 말 안 들은 사람들은 정말 내년(2013년)
에 깡소주에 소고기를 사묵게 될까?

세금 아끼려 든 30년 국고채…. 올 들어 8% 평가손실 -조선비즈 2013년 7월

"증권사 믿고 샀더니"…. 국고채 30년 물 투자피해(매매차익 노린 슈퍼리치 "최대 10% 원금
손실 우려")-조선비즈 2013년 7월

QE1, QE2과 QE3. 서로 이름은 비슷하지만 사실 그 내용은 상당한 차이를 보인다.

QE1은 직접적으로 국채를 매입해서 시중에 통화량을 늘린 정책이다. 마치 군대에서 전쟁 중 고통스러워하는 부상병에게 모르핀을 투여하듯이, 금융시장에 통화를 공급해서 미국 금융위기의 충격을 완화시키는 정책이었다. 하지만 공급된 통화들은 대부분 은행에 금고 안에 잠을 자고 있었을 뿐만 아니라 기대 인플레이션을 자극해서 원자재 시장에 거품을 형성했다.

이러한 부작용을 치유하기 위해 FRB는 통화의 추가적인 공급을 하지 않는 대신 장기금리를 낮추고, 단기 금리를 높이는 Operation Twist를 실시한다. 이를 QE2라 한다. 하지만 이는 결국 한시적 조치에 불과했고, QE2의 종료 후 유럽재정위기가 본격화 되었다.

그렇다면 최근의 QE3은 무엇이 다른가? QE3은 FRB가 모기지 대출 담보채권인 MBS를 매입하는 것을 의미한다. QE3와 QE1, 2가 다른 이유는 주택 관련 대출을 차입자가 상환하지 못함에 따라 주택 차압 후 급매물 증가, 그 후 주택시장 추가 급락이라는 악순환이 고리를 끊고 주택시장의 안정을 추구한 점이다. 이를 통해서 주택시장의 수급 개선과 은행권의 건전성 확충을 동시에 달성할 수 있고 은행의 신용창출 기능을 회복시킬 수 있다.

최근 통화공급량을 증가시키는 사실상 QE 4는 경제성장률이 물가 상승률을 초과할 것이라는 FRB의 자신감의 상징이라고 할 수 있다.

많은 사람들이 기대하는 경기회복. 우리의 생각보다 더 가까이 와 있는 것은 아닐까?

2. 재정절벽을 넘어서

재정절벽에 대해서 논하는 자료들과 기사들은 많은 사람들이 이미 충분히 많이 읽어보았을 것이다.

하지만 이러한 자료들이 언급하지 않고 있는 것이 하나 있다. 그것은 미국의 부채한도는 76년 이 후 2000년 이전까지 50여 차례, 2000 년 이후 20여 차례 상향 조정 된 바가 있다는 점이다.

즉, 과거 70여 차례 상향 조정 되어오던 부채한도가 이번에 조정되지 않을 것이라는 불안감을 버냉키가 재정절벽이라는 용어를 써서 표현했을 뿐이다.

〈재정절벽 관련 설문조사 : 협상타결에 관한 긍정적 의견 증가〉

오바마 대통령과 공화당이 1월 1일이 되기 전 협상에 성공할까?	11/28-12/2	11/8-11/11
그렇다	40	38
아니다	49	51
모르겠다	11	11
계	100	100

협상 실패 시 책임을 져야하는 대상은?	11/28-12/2	11/8-11/11
공화당	53	53
오바마 대통령	27	29
양쪽 모두 책임이 있다	12	10
양쪽 모두 책임이 없다	2	2
모르겠다	6	7
계	100	100

자료 : Pew Research / Washington Post, 한국투자증권

결국 재정절벽은 정치적 문제에 불과하고, 협상 실패 시 공화당이 더 큰 책임을 지게 될 가능성이 크다. 최악의 경우 오바마 대통령이 북한식 벼랑끝 전술로 밀어붙여 시장을 일시적이나마 쑥대밭으로 만들어버릴 수는 있겠지만 결국 해결될 수 밖에 없다는 말이다.

북한이 60년 동안 수도 없이 사고를 쳤지만 전쟁으로 이어진 경우가 있었나? 솔직히 1980년 1월 4일 코스피 시장 개장 이 후 북한 때문에 주가 떨어졌을 때마다 빼놓지 않고 대형 우량주에 투자했으면 상당히 괜찮은 수익률을 거두었을 것이다. 만일 북한에 대한 과도한 공포심을 조장하는 반공 교육이 없었다면 50대 이상 분들 중에서 워렌버핏에 비견되는 위대한 투자자가 나오지 않았을까?

따라서 우리는 재정절벽 이 후의 시장에 초점을 두고 투자에 나서야 할 것이다. 그리고 만에 하나라도 오바마 대통령이 북한식 벼랑끝 전술을 구사한다고 해도 추가 매수에 나설 수 있어야 한다. 정치적 목적으로 이루어지는 벼랑 끝 전술만큼 좋은 투자기회도 드물다.

3. 투자의 제왕 워렌버핏의 귀환

80년대 말 내가 코카콜라에 투자했을 때 나를 주목한 사람은 드물었다.

코카콜라 본사
(조지아 주 아틀란타)

웰스파고 ATM
(캘리포니아 더햄)

골드만삭스 타워
(미국 뉴저지주)

2000년대 말 내가 웰스파고와 골드만
삭스에 투자 했음을 주목한 사람 역시
드물었다.

입을 닥쳐야
합니다!!

게다가 요즘엔 감세에 환장한 탐욕스
러운 놈들까지 나를 비난하고 있더군.
"워렌 버핏 회장은 세금 납부를 위한 수
표를 쓰고 입을 닥쳐야* 합니다. 그는
납부만 하고 증세논란을 증폭시키지 말
아야 합니다." -크리스 크리스티(뉴저지 주지사)

하긴 세금 더 내서 경기 살려봤자 투자로 돈 벌 능력도 없고 없는 살림에 생활비
에 보태쓰기나 해야지…. 요즘 세율 좀 오른다고 주식 팔아치우는 거 보면 진짜
웃기지도 않아서 원….

하지만 결국 머지 않아…. 그 모든 자들은 머리를 숙인 채 내 말을 경청할 수 밖에
없을 것이다.

---

* 미국에 장유유서 개념은 없지만 한 30살은 더 많으신 분을 대상으로 공개 방송에서 'shut up'이라는 용
어를 쓰는 건 상당히 부적절한 발언 아닐까? 그것도 뉴저지 주지사씩이나 하는 놈이…. 탐욕에 미치면 눈
에 뵈는 게 없는 건 세계 공통이다.

나는 워렌 버핏이다.
나는….
가치투자 그 자체다!

〈11년 9월~12년 9월 1년간
버크셔 헤더웨이와 S&P 500 수익률 비교〉
(버크셔 헤더웨이 8% 우위)

〈07년 9월~12년 9월 5년간
버크셔 헤더웨이와 S&P 수익률 비교〉
(버크셔 헤더웨이 14% 우위)

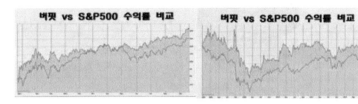

〈코카콜라 주가 추이〉

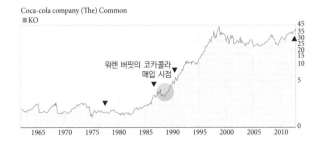

미국 금융위기 이 후 전 세계적으로 이어져 온 성장주 강세는 2011년 유럽 재정위기를 거치면서 더욱 심화되었다.

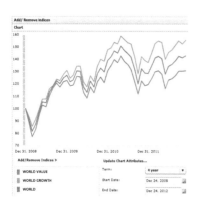

- 주황색 : MSCI WORLD VALUE INDEX
  (가치주 지수)
- 녹 색 : MSCI WORLD GROWTH INDEX
  (성장주 지수)
- 파란색 : MSCI WORLD INDEX
  (글로벌 증시 지수)

(기간: 2008년 12월 말~2012년 12월 말)

이러한 성장주의 강세는 각 투자주체의 투자스타일에 비 탄력성으로 인해 나타나게 되는 것이다. 금융위기라는 거대한 파고를 뚫고 성장하는 주식은 그 수가 적을 수 밖에 없다. 따라서 성장주 투자자들에 투자자금이 일정하다고 가정할 경우, 개별 주식에 수급은 개선될 수 밖에 없고, 이는 성장주 투자자들에 수익률을 개선시킨다.

〈불황 때 가치주의 악순환 구조〉

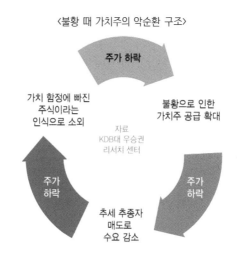

반면 금융위기 시에 가치주는 정확히 반대의 상황에 처하게 된다. 불경기에는 주가의 하락으로 인해서 저평가 주식들이 증가하고 이는 개별 가치주에 수급을 악화시킨다. 따라서 가치주에 투자하는 자금이 획기적으로 늘지 않은 이상 가치투자자의 투자 수익률이 악화되는 것은 피할 수 없는 일이다.

이제까지의 가치주 약세는 금융위기 이후 시장 환경이 가치주와 맞지 않았기 때문이다. 하지만 재정절벽 이 후 경기가 회복된다면 '워렌버핏의 귀환'이 이루어 질 것이다.

이미 2012년 10월 성장주의 대표 주자인 SNS기업의 주가의 하락은 그 전주곡이라고 할 수 있다.

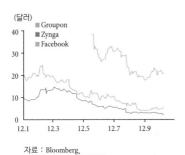

〈SNS기업의 주가 추이〉

자료 : Bloomberg,
토러스투자증권 리서치센터

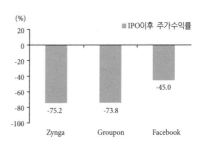

〈SNS기업의 주기는 공모기에도 미치지 못해〉

주 : 10월 5일 기준
자료 : Bloomberg, 토러스투자증권 리서치센터

〈SNS기업의 매출액과 영업이익 추이(단위 : 백만달러)〉

항목	매출액				영업이익			
기업명	1Q12	2Q12	3Q12(E)	4Q12(E)	1Q12	2Q12	3Q12(E)	4Q12(E)
GROUPON	559.3	568.3	592.5	636.2	39.6	44.9	41.6	49.2
ZYANGA	321.0	332.5	291.2	248.5	−85.6	−38.4	−52.4	−66.9
FACEBOOK	1058.0	1184.0	1226.7	1437.8	381.0	−743.0	394.2	505.6

자료 : Bloomberg, 토러스투자증권 리서치센터

2012년 하반기부터 시장은 성장성보다 수익성과 가치에 중점을 두기 시작했고, 이것이 SNS기업 주가 하락의 근본적인 원인이다.

4. 시장투자 포인트

A. 대형 가치주의 시대

〈세계시장 대비 한국시장 할증률〉

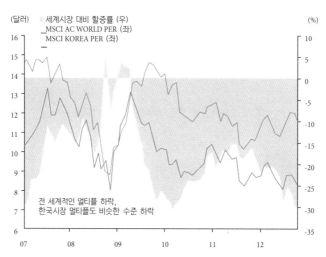

주 : 할증률(%) = 100 × (Korea PER - World PER) / World PER
자료 : I.B/E/S, 한국투자증권

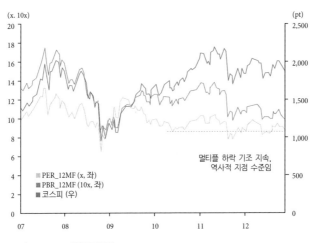

〈한국시장 밸류에이션 지표〉

자료 : WiseFn, 한국투자증권

〈2013년 순이익 추정 추이 (초대형주 vs. 비초대형주)〉

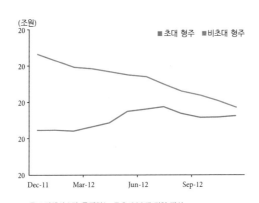

주 : 컨센서스가 존재하는 주요 200개 기업 대상
자료 : WiseFn, 한국투자증권

한국 증시는 현재 역사적 저평가 구간에 위치하고 있다. 이는 한국의 대형주들이 저평가 구간에 위치해 있다는 것을 의미하고, 다가올 가치주의 시대에 한국 증시는 대형주를 중심으로 상승할 가능성이 크다는 것을 뜻한다.

한국의 대형주는 비대형주에 비해서 순이익 추정치의 하락폭이 크지 않으며 그 변동성도 상대적으로 낮은 편이다. 이는 대형주의 현재 밸류에이션의 신뢰도가 높으며 금융시장에 수급 개선 시 혜택을 볼 가능성이 크다는 것을 뜻한다.

B. 저금리 시대 = 배당주 시대

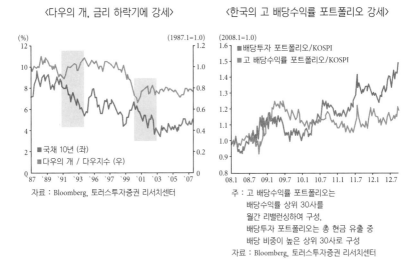

〈다우의 개, 금리 하락기에 강세〉　　　　〈한국의 고 배당수익률 포트폴리오 강세〉

자료 : Bloomberg, 토러스투자증권 리서치센터

주 : 고 배당수익률 포트폴리오는
배당수익률 상위 30사를
월간 리밸런싱하여 구성.
배당투자 포트폴리오는 총 현금 유출 중
배당 비중이 높은 상위 30사로 구성
자료 : Bloomberg, 토러스투자증권 리서치센터

고배당 주식에 주로 투자하는 투자 전략인 다우의 개 전략의 수익률은 금리 하락기에 개선되었다. 이는 현재 장기간 이어져 온 한국의 저금리 상황 속에서 고배당 주들이 매력적인 투자대상이 될 수 있음을 의미한다.

애널리스트.
믿어야 할까?

part 05
애널리스트. 믿어야 할까?

✍ 시장의 안개 속으로

안개와 마찰(fog and friction)이란 뭘까? 전쟁이 내
포한 우연적 요인들, 인간의 판단으로 계산할
수 없는 복잡한 요인들로 구성된다.
적군(敵軍)에 대한 불충분한 정보, 전쟁터에서의
갖가지 소문들, 아군(我軍)의 위치와 화력(火力)에
대한 부정확한 정보, 기대와 현실 간의 괴리, 예

Fog of war

기치 못한 전장의 돌발 사태 등, 이 모든 것들이 전장의 안개(Fog of War)를 구성하
는 요소들이다. -전쟁론, 칼 폰 클라우제비츠

이러한 시장의 안개 너머에 대해 논하는 사람들. 우리는 그들을 전문가
라고 부른다. 그리고 그 중에서 가장 대표적인 전문가 집단은 증권사나
자산운용사에 애널리스트들이다. 하지만 과연 우리는 그들을 어디까지
믿어야 할까?
실제로 미국의 경우 낙관적인 추정치를 제시한 애널리스트들은 비관적인

전망을 제시한 애널리스트들에 비하여 하위권 투자은행으로 이직할 가능성이 38% 낮았으며 상위권 투자은행으로 이직할 가능성이 90% 증가했다.(출처: Analyzing the Analysts-Career Concerns and Biased Earnings Forecasts(2001.09))

이는 애널리스트의 전망치에 어떤 형태로든 편향이 존재할 수 있다는 것을 의미한다. 그렇다면 이 과정에서 나타난 시장의 비효율성을 이용한다면 투자에 도움이 될 수 있지 않을까?

미국 금융위기의 충격이 남아있던 2009년 초. 다수 애널리스트들은 삼성전자의 실적을 부정적으로 보았다. 그 당시 삼성전자의 주가는 약 60만 원 선. 하지만 예기치 못한 어닝 서프라이즈가 터지면서 그 해 삼성전자의 주가는 90만 원까지 상승했다.

뿐만이 아니다. 2003년 당시 저명 애널리스트였던 한국투자증권 김학균 연구원(현재 대우증권 근무 중)의 약세론이 빛나가면서 증시는 크게 상승했다. 2006년 당시 대신증권 리서치 센터장인 김영익(현재 한국창의투자자문 재직)의 약세 전망이 빛나가면서 2007년 증시는 크게 상승했다.
2010년은 과연 어떠했는가? 당시 연초 펀드매니저들의 예상은 상고 하저로 코스피 시장이 연말에 하락 마감한다는 것이었다. 하지만 코스피 시장은 당시 상저하고를 나타내며 크게 상승 마감했다.
사실 애널리스트들의 역할은 시장을 맞추는 것이 아니라 시장에 합리적인 컨센서스를 형성하는데 기여하는 것이다. 실제로 실적 발표일이 가까이 올수록 애널리스트들에 전망치의 정확성이 올라간다는 점을 감안하면 다수 애널리스트들은 자신에 역할이 충실하고 있다. 그러므로 애널리스트의 전망이 틀렸다고 그들을 비판하는 것은 무의미한 일이다.

틀리든 맞든 자기 논리를 가지고 말을 하는 모든 사람들 하나하나가 가치가 있는 것이고 그들 중에서 애널리스트는 경험과 전문성이 조금 더 있을 뿐이다.

독재정권의 절대 권력은 무너지기 위해 존재한다. 세계 신기록은 깨어지기 위해 존재한다. 중국 한족(漢族)이 강성할 때 유목민족이 만리장성을 뛰어넘는 것은 어려운 일이었다. 하지만 만리장성이 무너지는 날 역사의 페이지가 넘어가는 큰 변화가 있었다.

Accuracy of Forecasts for U.S. Stock Market				
Guru	Total Measurable Forecasts	Forecasts Essentially Right	Forecasts Essentially Wrong	Accuracy
David Nassar at MarketWatch.com	44	30	14	68%
Ken Fisher via Forbes.com	75	50	25	67%
James Oberweis via zacks.com	34	22	12	65%
David Dreman via Forbes.com	31	20	11	65%
Jack Schannep via zacks.com	41	25	16	61%
Louis Navellier at MarketWatch.com	64	39	25	61%
Jason Kelly at jasonkelly.com	100	60	40	60%
Stephen Leeb via leeb.net	17	10	7	59%
Don Luskin via SmartMoney.com	144	81	63	56%
Dan Sullivan via zacks.com	93	52	41	56%
Mark Arbeter via Business Week	199	109	90	55%
Bob Doll at ml.com	157	85	72	54%
Marc Faber via ameinfo.com	76	41	35	54%
Paul Tracy via zacks.com	52	28	24	54%
Richard Moroney via zacks.com	43	23	20	53%
Cliff Droke via Safe Haven	62	33	29	53%
Bob Brinker via MarketWatch.com	34	18	16	53%
John Hussman at hussmanfunds.com	74	38	36	51%
Gary D. Halbert/BCA via ProFutures.com	65	33	32	51%
James Dines at MarketWatch.com	24	12	12	50%
Ben Zacks via zacks.com	32	16	16	50%
James Stewart via SmartMoney.com	103	51	52	50%
S&P Outlook via Business Week	145	71	74	49%
Tobin Smith at WaveWire	256	125	131	49%
Richard Rhodes via zacks.com	41	20	21	49%
Trading Wire at ChangeWave.com	69	33	36	48%
Don Hays via MarketWatch.com	80	38	42	48%
Dennis Slothower via zacks.com	93	44	49	47%

만리장성

▶ 2000-2007년 사이 미국의 시장 예측가들의 적중률 비교(포브스지에 개재된 칼럼 기준)

마찬가지다. 아무리 대단한 전문가라도 모든 경우에 다 맞출 수는 없다. 실제로 세계 500대 부자에 들어오는 미국의 펀드매니저 켄 피셔(성장주 투자의 아버지이자 워렌버핏의 스승 중 하나인 필립 피셔의 아들)가 포춘 지에 올린 칼럼을 토대로 적중률을 비교한 결과 그의 적중률은 67%. 즉, 세계 500대 부자를 찍은 펀드매니저가 당시에게 1:1로 상담을 해준다고 해도 전망 3번

중 1번 꼴로 틀린다는 말이다. 하물며 그 외 전문가들의 전망의 적중률은 얼마나 될까?

그럼에도 불구하고 많은 투자자들은 애널리스트와 펀드매니저 등 전문가 집단을 과신하고 그들에 의한 쏠림현상이 나타난다. 그들이 받는 신뢰에 비례하여 쏠림의 강도는 강해지고 그 권위에 금이 갈 경우 시장은 그들의 전망과 반대 방향으로 급격하게 움직인다.
즉, 전문가의 실수는 엄청난 투자 기회를 창출할 수 있다는 말이다.

앞서 언급했듯이 애널리스트는 시황을 맞추는 사람이 아니다. 그럼에도 불구하고 애널리스트가 시황을 못 맞춘다고 욕하는 사람이 존재한다. 왜 애널리스트가 시황을 맞추어야 할까? 애널리스트는 나름의 논리를 통해 시장에 기준을 제시하는 것으로 그 역할을 다 한 것이다.
나쁜 애널리스트는 전망이 틀리는 애널리스트가 아니라 합당한 논리가 없는 애널리스트다.
일부 사람들이 바라듯이 애널리스트가 주가를 모두 맞추는 시장. 그것이 바로 소위 말하는 완전히 효율적인 시장이다. 완전히 효율적인 시장에서 투자자는 초과수익을 얻을 기회가 없다. 즉, 이런 시장을 바란다는 것은 '나 돈 벌기 싫어요' 이 말과 동의어이다. 그럼 돈도 벌기 싫으면서 왜 투자를 하는 건가?
설마 '쉽게 돈 벌고 싶어요' 이 말을 하고 싶은 것은 아닐까?

그런 사람을 위해 월가의 격언 한 토막을 들려주고 싶다.

'주식시장에서 황소도 돈을 벌고 곰도 돈을 벌지만, 겁이 많은 양과 탐욕스러운 돼지는 도살될 뿐이다.'

애널리스트의 역할에 대해 잘못알고 있는 사람들 때문에 다수 애널리스트들이 침묵한다면 그것은 더욱 위험한 일이다. 시장에 이슈가 터졌는데 모두가 틀릴까봐 침묵한다면 그것은 독재 정권의 언론 통제가 이루어지듯이 정보를 가진 소수가 이를 이용해 다수의 투자자를 착취하는 사태가 벌어질 것이다. 게다가 전망이 나온 의도와 배경을 파악할 수 있다면 잘못된 전망이 정확한 전망보다 더 가치 있을 수도 있다.

그래서 언론의 자유가 중요한 것이고 브레인스토밍* 과정에서 타인에 대한 비판을 금하는 것도 그런 이유에서다.

이렇게 불완전하고 불확실한 시장은 많은 투자자들에게 불만족스럽게 느껴질 것이다. 하지만 그러한 불완전과 불확실성이 있는 한 금융시장은 무한한 기회의 장이 될 것이다.

---

* 브레인스토밍(brainstorming)
  일정한 테마에 관하여 회의 형식을 채택하고, 구성원의 자유 발언을 통해 아이디어의 제시를 요구하여 발상을 찾아내려는 방법이다.

🌿 언론을 믿지 마세요

우리의 아침은 미국의 경제지표 발표 결과를 알리는 데일리를 읽으며 시작된다. 경제 지표 하나 하나에 출렁거리는 미국 증시 소식을 읽을 때마다 보잘 것 없는 나의 존재는 점점 작아지기만 한다. 게다가 복잡한 숫자로 짜여진 각종 파생상품과 트레이딩 시스템에 대한 설명을 듣고 있노라면 언젠가 나 같은 영업인의 자리도 사라질 것 같은 불안감 마저 느껴진다.

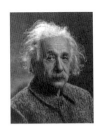

앞서 언급했듯이 물리학자
아인슈타인은 말했다.
'신은 주사위를 던지지 않는다(God does not play dice)'

신이 진정 주사위를 던지지 않는다면 시장은 숫자와 통계로 재단하고 예측이 가능할 것이다. 하지만 그들은 잊고 있다. 바로 그 시장은 인간의 탐욕과 이해관계에 의해 움직인다는 너무나 평범한 진실을. 그리고 그 탐욕과 이해관계를 측정하는데 아라비아 숫자 10자리는 너무나 제한적인 수단이라는 것을.

LG유플러스 7일부터 영업정지…
휴대폰 시장 '빙하기' 우려 -헤럴드 경제 2013년 1월

2013년 1월 기사. LG유플러스가 정부 규제 때문에 망할 분위기이다. 이런 기사를 보고 LG유플러스에 기꺼이 투자하는 사람은 많지 않을 것이다.

보도매체 헤럴드 경제. 사주가 홍정욱 전 새누리당 의원.

이 신문에 보도 성향은 말할 필요가 없을 것이다.
그런데 또 하나 재미있는 기사가 있다.

통신사 "영업정지 억울"… "속으론 좋으면서"
-2012년 12월 말 친 야당 진보성향 '미디어오늘' 기사

2012년 12월 말 친 야당 진보성향 미디어 기사. 이 기사 나올 당시 LG유플러스 주가는 8000원이 조금 안되는 수준. 그리고 2013년 5월 31일 현재 LG유플러스의 주가와 차트를 확인해보자.

기계적인 지식과 숫자만으로 투자의 성패가 결정된다면 경제 신문들만 보면 될 것이다. 하지만 안타깝게 세상은 그렇게 간단하지 않다. 기업 측 입장만 대변하는 자료만을 접하며 합리적인 결정을 내리겠다는 것은 소치 동계 올림픽에서 김연아 선수가 금메달을 딸 것이라고 기대하는 것과 마찬가지다.

만일 당신이 누군가와 김연아의 금메달 여부를 놓고 전 재산을 걸었다고 가정해보자. 과연 김연아의 실력에만 베팅할 수 있을까?

<부장님에 통찰력 류 甲>

28살 직딩이야.

어제 부장님이 김연아메달로 내기 하자시데?

당연히 난 금메달이라니깐 부장님은 확실하게 은이라는거야.

결과는 보시는대루.

오늘 어떻게 아셨나고 물어보니까.

어제자 올림픽 순위가 러시아가 미국에

금메달 1개 차이로 지고있더래.

그말 딱 들으니까 좀 소름 돋더라

(역시 글로벌 투자은행들이 대부분 선진국 출신인 건 다 이유가 있다.)

너무나 상식적인 이야기들이다. 하지만 이렇게 당연한 상식을 음모론으로 치부하는 사람들도 적지 않다[*]. 그리고 그들은 상식보다 통계와 수치를 좋아한다. 누군가 말했다. 인생은 실전이라고. 안타깝게도 이 세상은 통계와 수치만으로 설명될 정도로 단순하지도 만만하지도 않다.

1974년에 한국의 고혈압 환자는 3배로 급증했다. 2003년에는 10배가

---

[*] 예전에 모 스터디 그룹에서 같이 공부하던 H모 양이라는 친구가 있었다. 모 여대 대학원에서 경제학을 전공했는데 꽤 똑똑한 친구였던 걸로 기억한다. 어느 증권사에서 퀀트 애널로 있다고 들었다. 그는 당시 수치 타령하며 내 말을 '근거 없는 음모론'이라고 했다. 현재 퀀트 애널로 열심히 계량분석을 하고 있을 그에게 저 차트를 보여주며 말하고 싶다.
음모는 사람의 신체 부위에 난 털을 의미하는 거라고. 그리고 그럼에도 불구하고 아직도 이해하지 못하겠다면 진심으로 미안하다고. 설마 무모증(無毛證)일 줄은 정말로 몰랐으니까.

폭증했다. 한국인의 식습관이 급격하게 변하고, 건강관리에 문제가 생겨서일까? 그것은 낮아진 고혈압 기준치 때문이었다. 수축기와 이완기 각각 '160, 100 이상'이던 기준치가 1974년에 '140, 90'으로, 2003년에는 '130, 85'로 바뀐다. 이 때문에 과거 기준 상 건강했던 사람이 순식간에 환자가 되어버린 것이다.

합리적 의사결정을 위해서는 수치가 나온 배경와 상황에 대한 고려는 기본이고 그 수치로 인해 누가 이익을 보고 누가 손실을 보게 될지에 대한 판단이 우선시 되어야 한다. 숫자는 중요하다. 합리적 의사결정을 위해서는 수치가 나온 배경와 상황에 대한 고려는 기본이고 그 수치로 인해 누가 이익을 보고 누가 손실을 보게 될지에 대한 판단이 우선시 되어야 한다. 그 숫자 이면을 보지 못한다면 눈 뜬 장님이나 다름없다.

아직도 잘 이해가 안가시는 분들을 위해 질문을 하나 드리겠다. 90년대 말 공산주의 시스템에서 막 벗어난 러시아의 정치, 경제 상황을 수치화하여 트레이딩 시스템이나 퀀트 보고서를 만드는 것이 과연 가능할까?

70년간 공산주의 시스템을 유지해오던 90년대 말 러시아에서는 돈을 빌렸으면 갚아야 한다는 의식이 약할 수밖에 없다. 그리고 러시아는 세계에서 손꼽히는 밀생산국이자 막대한 원자재 생산국이다. 이는 외부와 단절되어 장기간 자급자족할 수 있다는 것을 의미한다. 결국 러시아에 대한 경제봉쇄는 원자재 가격 폭등으로 이어져 서유럽과 미국이 오히려 자멸하는 꼴이 될 수 있다. 게다가 공산주의 국가의 맹주로 군림하던 러시아의 막강한 군사력은 2010년대 현재까지도 동유럽과 중앙아시아 등지에서 영향력을 발휘하는 원천이 되고 있으며 결코 미국과 서유럽이 함부로 대할 수준이 아니다.

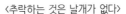

〈추락하는 것은 날개가 없다〉

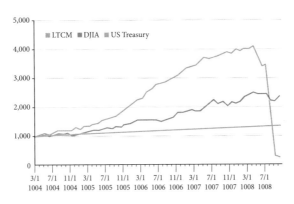

러시아의 모라토리엄 선언은 상식적으로 언제든지 벌어질 수 있었던 일이다. 노벨상 수상자들까지 끼어있는 천재집단 LTCM(Long Term Capital Management)이 숫자로 짠 시스템을 맹신하지 않았다면 그렇게 어이없이 무너지지 않았을 것이다.

돈이 되는 음모론이 경우에 따라 도움이 안 되는 레포트 보다 더 가치있을 수 있다. 게다가 복잡하지만 도움이 안 되는 레포트를 쓰는데는 역시 복잡하고 도움이 안되는 스펙이 필요하지만 성공적인 음모론 작가(?)는 누구나 될 수 있다. 결국 그러한 오만과 편견들이 존재하는 한 금융시장은 우리에게 무한한 기회의 땅으로 남을 것이다.

🐚 통신주는 유플러스가 진리

1. 넘버 3

〈SK텔레콤〉

〈KT〉

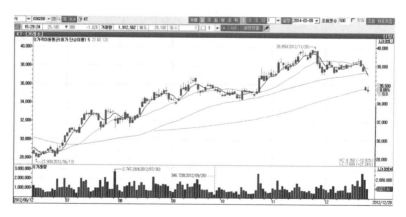

<LG유플러스>

과거 약 10여 년 동안 쓰레기 주식의 대명사나 다름없었던 통신주. 하지만 2012년 8월 드디어 그 통신주에 볕이 들고 있다.

그 쓰레기 주식 통신주 중에서도 넘버 3로 무시와 설움을 받아오던 주식이 있었으니 바로 그 이름은 LG유플러스.

SKT 10만 원대, KT 만 원대, LGU 천 원대…. 누가 업계 넘버 3 아니랄까 봐 주가 자릿수도 넘버 3다. 이제 하다하다 주가까지도 깔맞춤* 한 건가?

2. 쥐구멍에도 볕들 날은 있다.

끝도 없는 마케팅 경쟁과 과도한 자본적 지출(CAPEX)로 투자할 이유를 찾기 어렵던 통신주에 햇살을 비춘 것은,

바로 LTE(Long Term Evolution)!!!

이것이 바로 LTE!

---

* 깔맞춤 : 옷이나 액세서리 등의 색상을 비슷한 계열로 맞추는 코디

2009년 스티브 잡스의 아이폰에 의해 한국에서도 스마트폰과 태블릿 PC의 열리게 되었고, 모바일 데이터 트래픽이 늘어나게 되었다. 이 같은 상황 속에서 통신사들은 자본적 지출의 증가에 부담을 느끼게 된다.

이동통신사들은 이러한 상황 속에서 LTE 등 4G(사실은 3.9G) 기술은 IP 기반 기술을 도입한다. 설비투자의 부담이 적고 대량의 데이터를 신속하게 처리함으로써 고객의 만족감을 높일 수 있게 되었다.
따라서 이동통신업계 전반의 수익성은 높아지게 되었다. 이에 힘입어 2012년 8월 통신업종은 코스피 지수를 뛰어넘는 상승세를 보이게 되었다.

3. 업계 상황

〈통신3사 합산 마케팅 비용과 매출액 비용 추이〉

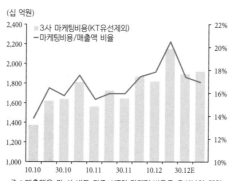

주 : 매출액은 각 사 별도 기준, KT의 마케팅 비용은 유선분야 제외
자료 : 각 사 IR, 이트레이드증권 리서치본부

LTE 시대가 열리면서 이를 선점하기 위한 마케팅 비용도 증가했다. 통신업계의 마케팅 비용은 큰 틀에서 증가하고 있다. 최근 매출액 대비 마케

팅 비용이 다소 줄어들었지만 이것이 일시적인 현상일지 여부는 좀 더 지켜보아야 할 것이다.

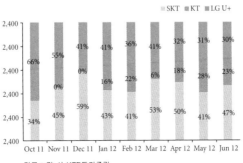

〈이통사별 LTE폰 월 순증가입자 점유율〉

자료 : 각 사 KTB투자증권

SKT나 LGU에 비해 뒤늦게 시장에 뛰어든 KT는 공격적인 마케팅으로 그 동안의 부진을 만회하려 할 것이다. 이는 업계 전반의 마케팅 비용 증가로 이어져서 LTE 도입으로 인한 수익성을 위협하는 잠재적 요인이 될 것이다.

KT의 LTE 연간 목표 달성 비율이 타사와 비슷해지는 시기에 통신업계에 마케팅 비용 지출이 감소하고, 이 과정에서 통신주의 2차 상승이 나타날 가능성이 있다.

4. 그럼 LG유플러스는?

〈KT의 무선 ARPU 추이〉

주 : 가입비, 접속료 제외
자료 : KT, 한화증권 리서치센터

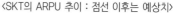

〈SKT의 ARPU 추이 : 점선 이후는 예상치〉

자료 : SK텔레콤, 삼성증권 추정

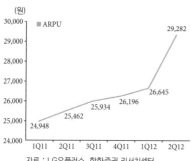

〈LG유플러스의 ARPU 추이〉

자료 : LG유플러스, 한화증권 리서치센터

ARPU(Average Revenue Per User)의 변화를 보면 KT와 SKT의 ARPU가 바닥을 치고 올라가는 반면 LG유플러스가 급속도로 상승하는 것을 알 수 있다. 이는 과거 KT 사장과 정보통신부 사장을 지낸 이상철 부회장에게 LG 측에서 상당한 예우와 재량권을 주면서 LG유플러스가 공격적인 행보를 보인 덕분이다.

LG유플러스에 이러한 행보는 시장점유율에도 영향을 주었다.

<이통3사 무선서비스 시장 점유율 추이(6월말 기준)>

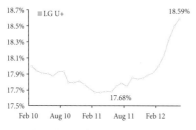

자료 : 방송통신위원회, KTB투자증권

LG유플러스의 약진이 역시 돋보인다.

하지만 이러한 공격적인 행보는 차입금 증가로 부채비율의 증가라는 그림자를 드리우게 되었다. 만일 경기가 조기에 살아난다면 괜찮겠지만 그렇지 않다면 잠재적 리스크가 될 수도 있다.

LG유플러스는 과거 5년간 (2007 ~ 2011년) 연간 현금흐름이 마이너스로 돌아선 적이 단 한 번밖에 없었다. 얼마 전 채권시장의 유동성 유입에 힘입어 LG유플러스는 약 500억 원에 달하는 회사채 발행에 성공했다. 미국과 독일에서 마이너스 금리로 채권이 발행되는 시기에 채권을 발행하여 미래를 위한 투자에 사용하는 LG유플러스의 판단은 경기가 살아나는 순간 그 진가를 발휘할 것이다.

증권시장은 자금을 조달해서 미래를 위한 투자활동에 사용하는 기업에게 높은 평점을 준다. LG유플러스의 PER이 44.2배(2012년 8월 14일 종가 기준)인 것은 바로 그러한 시장의 평가를 반영한 것이다. 이는 LTE 시대에 가장 적극적으로 대응하는 기업에 대한 일종의 성장 프리미엄으로 볼 수도 있다. 그럼에도 불구하고 LG유플러스의 PBR은 0.82배에 불과하다. 매출액 대비 시가총액은 절반도 채 안 된다는 점을 감안한다면 LG유플러스는 성장주이기보다 가치주라고 할 수 있다.

<KT의 설비투자 상황>

※ 단위 : 억원, %, %p, 배, 분기 : 순액기준
※ 비율간 전년대비는 [당기]-[전년도]로 계산되는 %p 정보입니다.

항목	2007/12 (IFRS별도)	2007/12 (IFRS별도)	2007/12 (IFRS별도)	2007/12 (IFRS별도)	2007/12 (IFRS별도)	전년대비
매출액증가율	1.40	−1.27	34.97	27.20	−0.33	−27.54
영업이익증가율	−22.36	−22.34	−45.07	235.75	−1.33	−237.09
순이익증가율	−0.07	−53.03	14.83	126.87	10.00	−116.87
총자산증가율	−17.47	4.09	30.28	−0.99	9.76	10.75
유동자산증가율	2.20	14.13	71.37	−5.60	4.32	9.92
유형자산증가율	0.49	−0.19	36.20	−1.80	−4.61	−2.80
자기자본증가율	4.02	−0.68	17.74	6.18	6.28	0.10

※IFRS 기준의 당기순이익, 자본총계 관련 투자지표는 지배주주기준입니다.

<SKT 설비투자 상황>

※ 단위 : 억원, %, %p, 배, 분기 : 순액기준
※ 비율간 전년대비는 [당기]-[전년도]로 계산되는 %p 정보입니다.

항목	2007/12 (IFRS별도)	2007/12 (IFRS별도)	2007/12 (IFRS별도)	2007/12 (IFRS별도)	2007/12 (IFRS별도)	전년대비
매출액증가율	5.96	3.44	3.65	2.96	0.73	−2.23
영업이익증가율	−15.97	−5.14	5.80	−6.62	2.54	9.16
순이익증가율	13.54	−22.21	0.84	9.52	20.08	10.57
총자산증가율	14.66	2.68	3.65	−1.75	8.23	9.98
유동자산증가율	−2.27	−2.53	24.87	10.03	−27.99	−38.02
유형자산증가율	3.99	2.26	10.61	−3.25	24.52	27.77
자기자본증가율	22.79	−6.11	4.78	1.89	4.47	2.58

※IFRS 기준의 당기순이익, 자본총계 관련 투자지표는 지배주주기준입니다.

⟨SKT 설비투자 상황⟩

※ 단위 : 억원, %, %p, 배, 분기 : 순액기준
※ 비율간 전년대비는 [당기]-[전년도]로 계산되는 %p 정보입니다.

항목	2007/12 (IFRS별도)	2007/12 (IFRS별도)	2007/12 (IFRS별도)	2007/12 (IFRS별도)	2007/12 (IFRS별도)	전년대비
매출액증가율	16.28	4.63	3.15	61.09	15.16	-45.93
영업이익증가율	-22.23	17.01	2.08	68.63	-56.52	-125.16
순이익증가율	15.68	3.00	8.66	83.20	-85.68	-168.87
총자산증가율	7.71	6.33	4.39	111.27	29.66	-81.61
유동자산증가율	-2.91	-1.52	10.65	63.15	21.74	-41.41
유형자산증가율	15.91	15.22	1.91	118.52	15.63	-102.89
자기자본증가율	18.89	10.94	3.70	93.26	-2.30	-95.56

※IFRS 기준의 당기순이익, 자본총계 관련 투자지표는 지배주주기준입니다.

비록 유형자산 증가율이 낮아지기는 했으나 LG유플러스는 여전히 설비 투자 부담이 있는 것이 사실이다. 하지만 2009년 스마트폰 시대가 열린 이후 경쟁사보다 적극적이고 선제적인 투자를 실시한 LG유플러스의 노력은 지표와 실적으로 드러난다.

경기 회복세를 기대하고 주식투자에 관심을 가지는 당신에게 묻고 싶다.
당신의 소중한 자산이 투자되는 바로 그 기업.
보다 나은 미래를 향해 해당 업계 그 누구보다 열심히 뛰는 그런 기업이어야 하지 않을까?
보다 나은 내일을 꿈꾸는 당신을 닮은 기업 'LG유플러스'.
바로 당신이 투자해야 할 기업이다.

'LTE는 유플러스가 진리' -LG유플러스 CF

거울도 안
보는 남자

part 06
거울도 안 보는 남자

📋 채권을 통해 읽는 위험자산 시장

1. 이게 증권사야, 채권사야?

유럽재정위기의 여파가 아직 남아있는 2012년 9월. 요즘 들어 증권사 지점에서 아주 재미있는 광경이 벌어진다. 증권사에서 주식 시황 설명회나 종목 상담, 펀드 상담 대신 채권시장 전망이나 채권투자 상담이 벌어지는 진풍경(?)이 벌어지는 것이다.

아우슈비츠 저리 가라 할 정도로 처절한 구조조정이 벌어지는 가운데 채용 인원을 늘리는 분야가 채권인 것도 이러한 시장에 수요를 반영한다.

그런데 뭔가 냄새가 나는 것 같다. 2007년 코스피 2000 시절에도 지점 영업사원 많이 채용했던 거 같은데 말이다.

"타는 냄새 나지 않아요? 당신을 향한 제 마음이 불타고 있잖아요." -MBC 드라마 '불새' 중에서

박근혜 대통령은 지난 노무현 정부
시절 이런 '주옥 같은' 말씀을 자주
하셨다.

왜 하필
지금이냐?

"왜 하필 지금이냐?" -박근혜 "나에 대한
정치공세"(2007년 1월 31일 뷰스앤 뉴스)에서

나도 같은 질문을 던지고 싶다.
왜 하필 지금이냐?

누군가는 말할지 모른다. 채권도 증권의 일부이고, 증권사도 원래 채권
도 취급해왔다고.
맞는 말이다. 그런데 2007년에는 뭐 하시다가? 설마 2007년에는 그럼
자산 배분의 필요성이 없었단 말인가?

그리고 자산 배분이 필요하다 해도, 시장 상황과 해당 자산을 매입의 적
기 여부에 대한 신중한 고려 없이 자산을 편입한다면 과연 그것은 '불가
피한 최선의 선택'일까?

2. 다우이론

채권과 주식은 톰과 제리, 개와 고양이와 같은 관계라고 생각한다.
즉, 채권 선호 현상은 위험자산(주식 포함) 기피 현상과 동의어다. 그렇기 때
문에 채권 애널리스트들의 리포트는 가끔 위험자산 투자에 필요한 단서
를 제공하기도 한다.
다우존스 사의 창설자 C. 다우가 발표한 다우이론은 전문 투자자들과

일반 투자자들의 심리와 행동의 변화를 통해 시장의 흐름을 국면별로 구분한다.

시장국면 투자가	강 세			약 세		
	제1국면	제2국면	제3국면	제1국면	제2국면	제3국면
대중 전문가 투자전략	공포심 확산	공포심 확산 점진적 매도	확신 공포심 매도	확신 공포심	확신 공포심 점진적 매수	공포심 확신 매수

상승추세는 매집 국면 → 마크업(상승) 국면 → 과열 국면으로 진행되고, 하락 추세는 분산 국면 → 공포 국면 → 침체 국면으로 이어진다.(오른쪽 도표 참고)

따라서 지금 시점에서 채권시장에 다우이론을 적용해 보는 것은 위험자산 투자에 대한 인사이트를 얻을 수 있을 것이다. 그렇다면 현 채권시장은 어느 국면에 위치해 있을까?

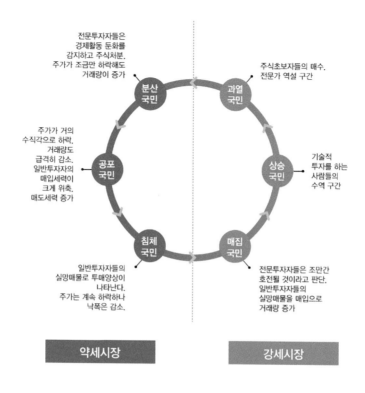

전문투자자들은
경제활동 둔화를
감지하고 주식처분.
주가가 조금만 하락해도
거래량이 증가

주식초보자들의 매수.
전문가 역설 구간

주가가 거의
수직각으로 하락.
거래량도
급격히 감소.
일반투자자의
매입세력이
크게 위축.
매도세력 증가

기술적
투자를 하는
사람들의
수역 구간

분산
국민

과열
국민

공포
국민

상승
국민

침체
국민

매집
국민

일반투자자들의
실망매물로 투매양상이
나타난다.
주가는 계속 하락하나
낙폭은 감소.

전문투자자들은 조만간
호전될 것이라고 판단.
일반투자자들의
실망매물을 매입으로
거래량 증가

약세시장　　　　**강세시장**

〈30년물 국채발행 첫날, 강남 일부 큰손 주문 쏟아져〉

◆ 국고채 30년물 첫선 ◆ "심 지점장, 정말 남는 게 한 개도 없어요?" 심재은 삼성증권 도곡지점장은 정부가 사상 처음 국고채 30년물을 발행한 11일 쉬지 않고 울리는 휴대전화 때문에 정신없는 하루를 보냈다. 이날 삼성증권에 할당된 국고채 물량 2400억원 중 1200억원 대부분이 개인 등 리테일 대상으로 각 PB센터와 지점에서 매매됐고, 도곡지점은 70억원을 받았다.

심 지점장은 "약 30명의 고객에게서 200억원 넘게 국고채 매수 신청이 들어왔다"며 "물량이 충분치 않아 신청액의 절반 정도만 드렸다"고 밝혔다. 예컨대 20억원 신청자에게는 10억원, 10억원 신청자에게는 5억원어치만 주는 식이다.

1억원어치라도 더 사려는 투자자들을 위해 지방에서 소화하지 못한 물량을 급히 끌어오는 모습도 포착됐다. 삼성증권 PB센터 가운데 초고액자산가 고객을 가장 많이 확보하고 있는 SNI강남파이낸스지점에서도 100억원어치 30년물 국고채를 판 것으로 알려졌다. 이 같은 열기는 과거 10년물·20년물 투자로 재미를 본 투자자들이 30년물에도 선뜻 손을 내밀면서 조성됐다. -후략

-2012년 9월 뷰스앤뉴스

〈데뷔전 치른 30년 물 벌써부터 '이상 징후'〉

-전략 발행금리가 지나치게 낮아지면서 부작용을 걱정하는 목소리가 나오고 있다. 실제 보험사나 연기금처럼 채권 장기 투자를 하는 실 수요층은 30년 물을 담지 못하고 있다. 보험사 채권운용부서 임원은 "듀레이션 맞추기에 좋은 상품이지만, 금리가 너무 낮아 입찰에 참여하지 않았다"면서 "현재 고객이 가입한 상품 평균 금리가 4.2% 안팎인데, 현재 금리에서 30년물을 담으면 역마진을 확정해야 한다는 점도 부담스럽다"고 말했다. 이어 "장기물이 니 한두 달 보고 판단할 일이 아니다"며 "시장 상황을 좀 지켜볼 예정"이라고 말했다.

아직 발행 초기라 물량이 적은데다, 수요가 과열돼 있어 30년 물이 유통시장에서 거래가 활성화하기까지 시간이 필요할 것으로 보인다. 장기 물은

상품 특성상 유통물량이 많지 않고, 개인을 중심으로 사자 분위기가 워낙 강하다는 점에서다. 일부에서는 시장 유통물량이 적어 금리가 왜곡될 수 있다고 보고 있다.

시중은행 채권딜러는 "초장기물이 첫 발행 돼 시장 관심이 많다고 해도 10년물과 붙어 있는 현재 금리는 문제가 있다"며 "기관 입장에서 당분간 리스크가 큰 투자처가 될 것"이라고 지적했다. 이어 "시장에 극히 일부분이 풀려도 매수세가 워낙 탄탄해 내년 3월께는 돼야 시장에서 제대로 유통물량을 볼 수 있을 것"이라며 "스퀴즈 우려도 큰 상황"이라고 강조했다. 스퀴즈란 일부 시장참가자가 유통물량이 부족한 채권을 독점적으로 사들여 금리를 왜곡하는 것을 말한다. -후략

-2012년 9월 매일경제

국채 30년물의 발행을 주식시장에 비유하자면 지수 움직임의 3배를 추종하는 '트리플 레버리지 인덱스 펀드'가 출시된 것이다. 주식시장이 과열 양상일 때 이런 상품이 최초로 출시되면 그 반응은 뜨거울 것이다. 하지만 침체장이나 폭락장일 경우 해당 상품은 증권사 상품개발팀 아이디어 회의 단계에서 사장될 가능성이 크다. 고로 이러한 상품에 대한 투자자들에 반응은 해당 시장의 국면을 파악하는 데 중요한 단서가 된다.

채권의 만기가 길다는 것은 듀레이션이 길다는 것을 의미한다. 이는 투자 원금이 회수되는 데 걸리는 시간이 길다는 것을 의미하고, 원금 상환 가능성에 대한 더 큰 불확실성이 있다는 것을 뜻한다. 결국 더 큰 불확실성의 존재로 1bp(0.01%) 금리가 오를 때 그 가치 하락폭이 크다.

"더 이상의 자세한 설명은 생략한다." -만화 '대털' 중에서

따라서 이러한 고위험 고수익 상품이 발행되었을 때, 투자자들과 시장참여자들의 반응을 살펴보는 것은 해당 시장의 투자심리를 파악하는 데 아주 중요하다.

기사에 나타난 전문투자자들과 일반 투자자들의 상태는 일반투자자 확신, 전문투자자 공포심이고 이는 채권 시장이 강세 3국면이라고 불리는 과열 단계임을 보여준다.

3. 거울아, 거울아!

채권은 위험자산의 거울이라고 할 수 있다. 고로 진지하게 거울을 보는 저 소녀의 모습이야말로 아름다운 투자자의 모습이다.

다우이론이라는 거울로 채권시장을 비추어본 결과, 채권시장은 분명 과열 단계에 진입한 것으로 보인다. 따라서 이는 채권의 반대편에서 장기적으로 좋은 투자기회가 존재한다는 것을 의미한다.

일부 진보주의자들은 경제적, 사회적 혼란이 벌어질 때 국민들이 문제의식을 가지고 사회 문제를 해결하기 위해 자기들을 지지해줄 거라고 생각한다. 하지만 사실 사회적, 경제적 혼란이 벌어지면 오히려 보수가 집권할 가능성이 크다.

나치의 돌격대가 진보주의자와 사민주의자에 대한 폭력 행위로 사회 혼란을 조장했지만 정권을 잡은 자들은 바로 사회 혼란을 일으킨 나치였다는 점이 역사적 사실이다. 또한 일본의 버블 붕괴 후 '잃어버린 20년'도 보수 자민당의 20년 집권으로 이어졌다.

나 당선되면 버냉키 당신 끝장이야.

나 잘 했지?

Good!!

Good!!

나이스 캐치!!

감세(減稅)와 자본주의를 구분할 생각도 못 하는 수구꼴통 롬니와 티파티 잔당들에게 빅 엿을 먹인 것은 정말 환영할 만한 일이다. 하지만 정말 버냉키 아저씨 괜찮을지 조금 걱정된다. 한국이었으면 의문사를 당한 후 '역사의 심판'에 맡겨졌을지도 모르니 말이다.

4. 예기치 못한 호재

사실 나는 미국의 양적완화가 대선 이후에 실시될 것이라고 예상했고 어쩌면 양적완화가 없을 수도 있다고 생각했다.

〈미국 설비 가동률 통계〉

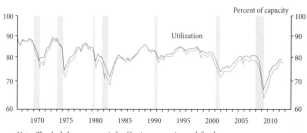

Note : The shaded areas are periods of business receasion as defined
by the National Bureau of Economic Research (NBER).

〈미국 월간 개인 소비 지출 증가율〉

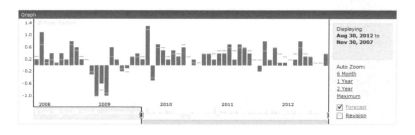

미국의 설비 가동률은 이미 80% 선까지 올라와 있고, 월간 개인 소비지출도 증가세를 유지하면서 기업의 투자가 활성화 될 수 있는 기반이 서서히 잡히고 있다. 고객이 소비를 하겠다는데 제품을 제공하지 않는 기업이 자본주의 시스템에서 얼마나 존재할까?

양적완화가 미국 대선 이후라고 예상했던 나의 전망은 결과적으로 잘못이었다. 하지만 이 정도면 충분한 변명거리가 될 수도 있지 않을까?

5. 문제는 재정절벽

앞서 우리는 견조한 미국의 경기 회복세와 양적완화를 왜 지금 하는지에 대하여 살펴보았다.

〈미국 핵심 내구재 주문〉

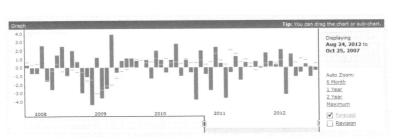

하지만 이러한 경기 회복세와 달리, 월간 핵심 내구재 주문은 2012년 4월 이후 8월까지 예상치를 밑돌면서 미국 기업의 설비 투자가 부진함을 보인다.

소비가 살아나고, 공장 가동률이 올라가는데 기업들이 설비 투자는 안 한다?

A 너희 진짜 기업이야, 뭐야? 소비가 늘면 기업이 투자를 해야 할 거 아냐? 내 아름다운 포트폴리오가 너희 때문이 수익률이 겨우 이래서야 되겠어? 진짜 너희들이 기업이야?

B 기업이 아니무니다.

가루상 이무니다. -KBS 개그콘서트 멘붕스쿨 중에서

우리에게는 왜 갸루상들이 투자를 안 하느냐고 생각하기 전에, 왜 미국 기업들이 단체로 갸루상이 되었는지 먼저 생각해 볼 필요가 있다.

2차세계 대전 이후 최대 규모의 현금을 쌓은 미국 기업의 투자가 부진한 이유는, 혹시 FRB가 찍어낸 유동성들이 시중에 돌지 않고 은행에 짱 박혀 있는 것과 똑같은 것은 아닐까?

지네가 무슨 말년 병장이라고 말이다.

그렇다면 모든 문제의 해결책은 간단해진다. 바로 병장 유동성을 빨리 제대시켜야 한다. 하지만 들리는 말에 따르면, 유동성 병장은 사회로 복귀하는 것에 두려움을 가지고 있다고 한다.

유동성 병장이 말뚝 박는 최악의 사태를 피하기 위해서 우리는 이 사회가 충분히 나갈 만한 곳임을 인식시켜야 한다.

그렇다면?

아주 강력한 당근을 제시해야 한다. 예컨대 제대와 동시에 원하는 업종, 원하는 기업에 '취업 보장'과 같은 것 말이다. 그렇다면 문제는 심리다. 그 심리를 악화시킨 주범을 잡는다면 이번 수사는 성공이다.

심리는 미래, 미국의 경기 회복세에 대한 확신 여부에 기반을 두고 있다. 미국 경기 회복세에 대한 확신을 위협하기 위해서는 정부의 경기 부양책에 지속성을 위협해야 한다. 그렇다면 범인은 누구일까?

바로 재정절벽.

재정절벽으로 악화된 경제 주체들의 심리를 회복시키기 위해 버냉키 의장은 특단의 조치를 취한다. 고용시장 회복이 이루어질 때까지 무제한 QE. 시장 참여자들이 예상하지 못한 카드다. 재정절벽의 원인이 되는 미국의 부채를 인플레이션으로 깎아 버린다는 점에서 일타쌍피의 효과도 노릴 수 있게 되었다.

버냉키 의장의 QE 3 이후 금융시장은 열광한다.
하지만 이것이 경기 회복세로 이어지지 않는다면
이는 추풍낙엽처럼 날아갈 수익이다. 과연 버냉
키 의장의 승부수는 어떤 결과를 낳게 될까?

FRB 반점 주방장
벤 버냉키의 야심작 QE3!!